江西通史

——明代卷第二冊

目錄

第三章———

明代江西的農田
水利與多種經營

第一節 ▶ 明代江西的農田水利與農業勞動力

一 湖區圩田與山區梯田

江西全境除鄱陽湖區外，均為丘陵和山區。湖區的圩田和丘陵山區的梯田成為江西農民耕作的重要土地資源。

包世臣說：「江右產穀，全仗圩田。」[1]這當然是就鄱陽湖區而言。農業生產在很大程度上是靠天吃飯，首要的任務是治水。圩堤是江西主要是鄱陽湖區防水、墾闢、保護田地的常見形式。在臨江帶湖地區，「田以堤為命」。為保護農田不被水淹，江西在明代修復了諸多舊圩堤，又修建了大量新圩堤。圩堤上建有溝渠、湖塘等設施，兼有防水、排水、蓄水、灌溉等多種功能。圩堤內所圍、所護之田則稱為圩田（圍田）。宋代以來，鄱陽湖區即是江西最重要的農業生產區特別是稻作生產區。這裡的耕作程度歷來高於山區，至元明時期，肥田沃土早已開耕栽種，加以人口密度增大，人均耕地減少，所以農民與水爭地、築圩圍田的努力超過前代。圍湖墾田的湖濱，主要是贛江、修水、饒河、信江、撫河等五河下游入湖地區，又以南昌、新建、鄱陽、餘干、進賢等縣居多。

南昌縣，弘治年間南昌知府祝瀚督修圩堤六十四所，到萬曆十四年增築至一三八所。規模大的如弘治十二年修築的大有圩、

1　包世臣：《安吳四種》，《齊民四術》卷二七《留致江西新撫部陳玉生書》。

富有圩，前後連接約長三十里；修築稍晚的義修圩，南北徑二十里，周回約四十里。[2]萬恭《牛尾閘碑》記弘治時南昌知府督修大有圩：「西始石亭莊，東抵牛尾零，延袤四十里，北聯大浸入鄱湖，而南墾平田數千畝。」[3]齊譽《譙堤記》則記嘉靖年間知府譙孟龍在南昌府城西南修築的譙堤：「障民居五千餘家，田數萬畝。」[4]堤成第二年秋獲得了大豐收，「秋禾乃大稔甲於諸方」[5]。南昌北面有余家塘、黃泥嶺、雙坑圩、萬家塘、王甫巷等五圩，「成田以數十萬，跨南、新二邑屬之糧以萬計」；且「下聯四十八圩」，「五圩成（則）四十八圩皆壞也，五圩敗（則）四十八圩皆魚也」。嘉靖初年被洪水衝決其中的兩圩，官民合力化了三年時間才修好。萬曆十四年再發大水，於是南昌知縣以「黃河卷埽法」，募「水民田夫」修築而成。[6]因十四、十五兩年連遭水災，知府范淶與南昌知縣呈請兩院司道，共發給銀四五〇〇餘兩賑濟饑荒並修築堤圩橋閘。[7]

新建縣，圩堤集中在瀕臨鄱陽湖的下新建，許多工程與南昌縣合作。弘治十二年南昌府借賑饑之便，募民增築利順圩等四十九所；萬曆十四年水災過後，重修與新築圩堤一七四所；萬曆三十五年再遭大水，又重修圩堤一一六所，據稱全長約二十萬

2　光緒《南昌縣誌》卷六《水利》。
3　萬恭：《牛尾閘碑》，乾隆《南昌府志》卷六〇。
4　同治《南昌縣誌》卷五《水利》。
5　齊譽：《譙堤記》，萬曆《新修南昌府志》卷二九《藝文》。
6　萬恭：《築五圩碑記》，萬曆《新修南昌府志》卷二九《藝文》。
7　萬曆《新修南昌府志》卷六《水利》。

丈。[8]

進賢縣，北依鄱陽湖，南接撫河，地勢低下，農田皆藉圩堤而成。成化二年和餘干縣合築郭坪圩，弘治間築梓溪圩、豐樂圩，工程巨大，綿長百餘里。萬曆十五、十六年，增築圩堤六條。萬曆三十六年大水沖毀舊堤，重新築圩八條，共長一點四萬餘丈，加建石梘十一處。[9]

鄱陽縣，西部濱湖，東部和南部則有樂安江、昌江和信江來匯，水道眾多，澇災嚴重，是以自古重視修築陂堤。在明代修築的陂堤中，年代比較清楚的有成化年間的濠湖圩，弘治年間的北湖圩、湯灣湖圩、郭溪圩；嘉靖年間維修加固的圩堤有南湖圩、道汊湖圩、北湖圩、濠湖圩、西朗圩、郭溪圩、樟潭圩、湘嶺湖圩、畫湖圩、湯灣湖圩、清泥圩、孔目圩等十二處。[10]

餘干縣，濱信江而接鄱陽湖，萬曆以前修築的圩堤有二十四條，「綿亙二百餘里，以除水患」[11]。

此外，豐城、建昌、德安、德化、星子、都昌、湖口等縣都建有大小長短不一的圩堤。

修築圩堤，首先在於防洪衛田，保護生命財產安全，使原有的農田收益穩定。其次，圍墾湖灘草洲，擴大了耕田面積。防洪與擴耕的功效並舉。鄱陽縣明朝所修的濠湖圩、北湖圩、湯灣湖

8　道光《新建縣誌》卷一二《水利》。
9　同治《進賢縣誌》卷五《建置》。
10　同治《鄱陽縣誌》卷四《水利》。
11　道光《餘干縣》卷一九《直指田公捐金築堤碑記》。

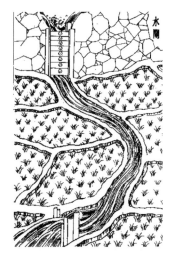

‧水閘、水柵圖，《天工開物》卷上《乃粒》插圖。

圩、郭溪圩合計圍田一九七〇〇餘畝。這些資料表明圩堤增加農田的功能不容忽視。南昌縣的余家塘等五圩所圍的田地，交納賦糧食以萬計，占萬曆三十六年全縣賦糧十一萬餘石的十分之一。值得一提的是，南昌、九江、進賢、新建、豐城等瀕臨鄱陽湖的城邑，還修建了許多保護城區的水利設施，如南昌府城的萬公堤、周公堤，豐城縣城的環邑石堤，玉山縣治南面的新安堤等。

　　鄱陽湖的水文特點，為圍湖造田提供了良好的環境。湖區高水位時湖面積約為三千平方千米，枯水位時僅有三百到四百平方千米，二者之差的面積便形成大片的草洲、泥灘和沙灘，它們主要分布在五河入湖的三角洲地區，草洲顯露的時間在二五〇到三二七天之間，是築圩圍墾的首要對象。據現今的勘測，這些湖灘草洲發育的歷史大約有一千年，餘干縣境內的湖灘草洲發育史僅八百年。也就是說，大約從宋代開始，贛江等五河夾帶的泥沙已

逐漸在湖中淤積成沙灘草洲了。而宋代正值江西開墾梯田的高潮，到處是「大田耕盡卻耕山」的場面，勢必導致植被減少，水土流失。從宋代到明代，持續三百餘年的流失和淤積，形成了湖區的大片草洲，為圍墾提供了自然基礎；另一方面則是河床提高，湖面縮小，容水量減少，水災趨於嚴重。這兩種後果的共同要求，都反映到圩堤工程上來。所以「江西兩宋多梯田，到明清則多圩田」、[12]從某種意義上說，梯田成了圩田的前提和先導。這大大小小星羅棋布的圍田，成為鄱陽湖平原地區的獨特景觀，沮洳水鄉變成了肥沃農田，耕地面積大大增加，對江西農業經濟的發展產生了重大影響。

同時，梯田也仍舊在農業，尤其是丘陵山區農業中發揮較為重要的作用。所謂梯田，是指在丘陵山區的坡地上築壩平土，修成許多高低不等、形狀不規則的半月形田塊，上下相接，形如階梯，故名。贛西宜春山區農業開發較早，「梯田」一詞即首見於南宋范成大的《驂鸞錄》，作者在筆記中記述了他遊歷袁州仰山所見「嶺阪上皆禾田，層層而上至頂」的景象。明中後期鄱陽湖平原、贛中丘陵地區以及閩、粵人口向江西南部、西部山區流動，為解決生計問題，大量的山區窪地及丘陵盆地被開墾成為旱田、水田。在今天的客家移民地區井岡山還唱著這樣的山歌：「大霧茫茫繞山尖，疑是山頂劃破天。揚鞭使牛霧扎走，我耕梯

12　參見許懷林：《明清鄱陽湖區的圩堤圍墾事業》，《農業考古》一九九〇年第一期。

田上了天。」**13**

二　旱澇災害與水利設施

　　從總體上看，江西水災多於旱災，且有明顯的季節性。就全
國範圍而言，江西並不是災害多發地區。一般而言，鄱陽湖區及
贛江沿岸南昌、九江、南康、臨江等府縣水患更多，贛東北饒
州，贛西袁州、瑞州、吉安及贛南多丘陵山區府縣則旱災較多
（參見下表）。

· 表 3-1 《明實錄》所見明代江西水澇災害情況

時間	災害及處理情況	資料來源
洪武元年六月	永新州大風雨，蛟出，江水暴溢入城，深八尺，民居蕩析，男女多溺死者。事聞，上遣使賑之。	《明太祖實錄》卷三二
洪武九年十一月	以饒州府旱災，詔免今年田租。	《明太祖實錄卷》一一〇
洪武二十五年四月	吉安府龍泉縣耆民王均德言：「去歲旱蝗嚴霜傷稼，田無所收，人民饑餒，無力耕種，請以預備糧儲貸給。」詔許之。	《明太祖實錄》卷二一七

13　許春華、許文峰：《湘贛邊界的土籍與客籍》，載劉勁峰、耿豔鵬主
　　編：《吉安市的宗族、經濟與文化》下（客家傳統社會叢書 22），國
　　際客家學會、海外華人資料研究中心、法國遠東學院二〇〇五年出
　　版，第681頁。

時間	災害及處理情況	資料來源
永樂元年十月	饒州府餘幹縣民言：「今夏淫雨洪水橫流縣境，龍窟壩塘等處堤岸頹圮壞民廬舍，傷害稼穡，乞因農隙修築。」從之。	《明太宗實錄》卷二四
永樂十年五月	寧縣大雨，山水泛漲，漂沒民舍。皇太子令戶部遣人撫卹。	《明太宗實錄》卷一二八
永樂十四年五月	南昌等府自四月至五月淫雨江水泛漲，壞廬舍沒田稼。上遣人撫視。	《明太宗實錄》卷一七六
宣德元年九月	巡按江西監察禦史許勝奏：「五月六月久旱無雨，陂塘多涸，瑞州等府田稼俱已焦稿。」上命行在戶部驗畝蠲租。	《明宣宗實錄》卷二一
宣德二年正月	建昌府南豐、廣昌二縣奏去年霖雨水潦傷稼，人民饑困，已借官倉糧賑濟，期秋成如數償官各上所借糧數。	《明宣宗實錄》卷二四
宣德二年三月	九江府彭澤、德化二縣奏去年水旱，民皆缺食，已借官倉糧給濟，秋成償官，具以其數聞。	《明宣宗實錄》卷二六

時間	災害及處理情況	資料來源
宣德八年七月	巡撫侍郎趙新奏江西自六月初旬以來天雨不止，江水泛漲，南昌南康饒州廣信九江吉安建昌臨江等府瀕江之處漂流居民，蕩沒稻田，蠲其租。	《明宣宗實錄》卷一〇三
宣德八年閏八月	廣信府奏今年七月十四日大雨連日，洪水怒溢，壞本府及永豐等縣壇場廨宇軍民廬舍，漂溺男女亡筭低田苗稼漟沒，命行在戶部遣人撫卹。	《明宣宗實錄》卷一〇五
宣德九年四月	巡按江西監察禦史尹鏜奏南昌臨江廣信諸屬縣去年雨潦，田禾不收，人民缺食，多有逃竄，存者無種糧耕種，採拾度日，不能自存甚至擅取大戶所積穀，因而聚集不散，已遣官分投勸借賑濟，並請停止工部坐派諸色顏料竹木鑄錢等項。上命速罷之。	《明宣宗實錄》卷一一〇
宣德九年冬十月	南昌府奉新豐城二縣臨江府清江縣各奏去年雨水蕩沒禾稼，今年亢旱，赤地無收，稅糧難辦，命行在戶部蠲之。	《明宣宗實錄》卷一一三

時間	災害及處理情況	資料來源
宣德九年十一月	吉安府奏所屬九縣歲旱民饑，已借預備倉穀給盡，乞再於府縣大有等倉糧儲內量借賑濟，俟明年秋成還官。上命行在戶部即如所言給之。	《明宣宗實錄》卷一一四
宣德九年十一月	臨江吉安瑞州袁州撫州南昌南康贛州八府各奏，屬自四月至八月不雨，田稼盡枯，命行在戶部遣人覆視寬恤。	《明宣宗實錄》卷一一四
宣德十年七月	巡撫江西行在吏部右侍郎趙新奏南昌府所屬連年水旱，人民饑困，已蒙賑濟，其買辦諸色物料亦應蠲免。上命所司暫停之。	《明英宗實錄》卷七
正統三年十月	巡按江西監察禦史張善奏江西所屬九江等府彭澤等縣並南昌前等衛地方六月以來不雨無收，秋糧子粒輸納不敷。上命行在戶部勘實以聞。	《明英宗實錄》卷四七
正統五年八月	南昌饒州九江南康諸府自五月至七月淫雨，江河泛漲，傷民稼穡。事聞。上命行在戶部遣官覆視。	《明英宗實錄》卷七〇

時間	災害及處理情況	資料來源
正統五年 十一月	江西布政司奏南昌等府衛所屬地方自正月以來雨水蕢沒早禾，六月以後亢旱，晚禾枯死，稅糧子粒，無從輸辦。上命行在戶部勘實以聞。	《明英宗實錄》 卷七三
正統七年 秋七月	南昌吉安袁州諸府各奏久旱不雨，上命戶部遣官覆視以聞。	《明英宗實錄》 卷九四
正統七年 冬十月	吉安袁州二府歲旱薄收，存留糧折銀布。	《明英宗實錄》 卷九七
正統八年 四月	巡按江西監察御史李匡奏：「江西十一府五十六縣三衛九千戶所田畝旱傷，請應徵秋糧子粒薄收者，折納銀兩，無收者蠲免。」上命戶部勘實以聞。	《明英宗實錄》 卷一〇三
正統十二年正月	江西布政司奏：「所轄贛州等七府十六縣去春淫雨，江漲田禾蕢沒，其應輸南京稅糧乞折銀運赴京庫。」從之。	《明英宗實錄》 卷一四九
正統十二年五月	吉安府所屬今夏驟雨連綿，江水泛溢，蕢沒田苗。	《明英宗實錄》 卷一五四

時間	災害及處理情況	資料來源
正統十二年六月	巡按江西監察禦史陳克昌奏：「贛州臨江、吉安三府自今春以來天雨連綿，山水泛漲，田苗浸沒，居民房屋，悉被沖塌，人口畜產漂流損傷甚多。」事下戶部行有司分投賑濟。	《明英宗實錄》卷一五五
正統十二年十一月	巡按江西監察禦史芮釗奏：「贛州瑞金縣六月淫雨，縣市水深丈餘，倉庫錢糧俱被漂爛，居民溺死者二百餘人，並南昌吉安臨江廣信九江饒州撫州七府屬縣亦被水災，人民乏食。」上命戶部遣官覆實賑濟之。	《明英宗實錄》卷一六〇
正統十三年四月	免浙江、江西南昌等府屬縣去年災傷無征秋糧六十萬五千餘石，馬草二萬八千餘包。	《明英宗實錄》卷一六五
正統十三年四月	江西布政司奏：「所屬新昌高安上高三縣去年旱蝗災傷，人民缺食，乞將本處起運南京淮安二處糧米折銀。」戶部覆奏每米一石折銀二錢五分。從之。	《明英宗實錄》卷一六五

時間	災害及處理情況	資料來源
正統十三年九月	寧都縣大雨,水壞城垣,其公廨廟宇民舍蕩然皆空,軍民男女漂流傷沒者甚多,巡按監察禦史韓雍以聞。上詔雍督有司修其所,先濟其所可恤者。	《明英宗實錄》卷一七〇
正統十四年六月	巡撫江西刑部右侍郎楊寧奏:「吉安南昌臨江三府四月以來驟雨水泛,祀典壇廟官民廨舍俱被沖塌,麥苗淹沒,人畜墊溺,已發預備倉糧賑貸。」從之。	《明英宗實錄》卷一七九
景泰元年七月	吉安府盧陵等四縣被水災傷田地一千二百七十餘頃,夏稅米四千三百二十八石無從辦納,巡撫侍郎楊寧覆實以聞,詔戶部蠲之。	《明英宗實錄》卷一九四
景泰三年七月	吉安等府旱,永新縣珠坑材地陷十七處,約計五畝,巡撫右僉都禦史韓雍以聞,詔雍加意賑恤小民,勿令失所,仍勘實災傷地,數除豁租稅。	《明英宗實錄》卷二一八

時間	災害及處理情況	資料來源
景泰三年十一月	巡撫江西右僉都禦史韓雍等奏：「江西所屬今歲多被旱傷，臣等奉旨勘實，吉安袁州府廬陵宜春等十三縣並瑞州府上高縣旱甚，稅糧宜全免，臨江、瑞州府清江高安等五縣薄旱，宜免十分之二，已令所司依擬減收。」戶部覆奏，請改全免者今免五分，免五分者今免三分，免三分者今免二分，免二分者今免一分，從之。	《明英宗實錄》卷二二三
景泰四年二月	免江西吉安等府屬縣去年旱災秋糧二十七萬八千餘石。	《明英宗實錄》卷二二六
景泰五年八月	巡撫江西右僉都禦史韓雍奏吉安府所屬旱傷禾稼無收，上命雍善加撫恤。	《明英宗實錄》卷二四四
景泰五年十月	免江西吉安府所屬州縣被災無徵稅糧麥七萬六千餘石，米四萬四千餘石，絹一千八百餘疋。	《明英宗實錄》卷二四六

時間	災害及處理情況	資料來源
景泰六年五月	巡撫江西右僉都禦史韓雍等奏吉安府安福縣雷雨大作，境內白泉陂羊塘池陷二處，一處東西十二丈，南北十四丈，深可三丈，一處東西一丈，南北一丈五尺，深可六尺。帝命其善加撫恤軍民。	《明英宗實錄》卷二五三
景泰六年閏六月	九江南康府奏淫雨，水泛傷民稼穡，租稅無徵。事下戶部命所司覆視以聞。	《明英宗實錄》卷二五五
景泰七年七月	饒州南昌府奏自五月六月以來久雨水溢，田禾蔓沒無存，稅糧無從徵納，命戶部勘實以聞。	《明英宗實錄》卷二六八
景泰七年七月	南昌瑞州臨江吉安袁州廣信撫州七府四月多雨，自五月至是月亢旱，傷禾稼。	《明英宗實錄》卷二六八
景泰七年九月	巡按江西監察禦史鄭時言江西地方自景泰四年以來水旱災傷，民多貧窮，其文職官吏犯大小罪者，俱依舊例差人械京發落，所差之人艱於路費。	《明英宗實錄》卷二七〇

時間	災害及處理情況	資料來源
景泰七年 十二月	巡撫江西右僉都禦史韓雍同江西布按二司官奏：「瑞州臨江吉安南昌廣信撫州南康袁州饒州九江等府屬縣今年自夏及秋不雨，旱傷禾稼，秋糧米二百三十二萬餘石無從徵辦，乞賜豁除，事下戶部覆實。」從之。	《明英宗實錄》卷二七三
景泰八年 正月	除豁江西瑞州等十一府旱傷租稅。	《明英宗實錄》卷二七三
天順二年 五月	是月，江西淫雨連旬，南昌等府縣大水，衝決民居蔓損禾稼。	《明英宗實錄》卷二九一
天順三年 十月	吉安廣信饒州瑞州四府奏今年五月至七月不雨，田苗旱傷。	《明英宗實錄》卷三〇八
天順四年 九月	蠲江西吉安瑞州廣信饒州南昌等府所屬縣分並吉安永新安福廣信信豐贛州等守禦千戶所，去年被災地畝秋糧子粒四十一萬五千一百九十七石有奇。	《明英宗實錄》卷三一九
天順四年 十月	巡按江西監察禦史奏：「瑞州南昌南康等府四月以來江水泛溢，二麥蔓死顆粒無收，星子縣山崖崩裂，民居漂流死者四十餘口。」上命戶部勘之。	《明英宗實錄》卷三二〇

時間	災害及處理情況	資料來源
天順四年閏十一月	江西饒州九江南康三府，直隸蘇州府各奏：「今年六月七月天雨連綿，溪湖泛溢，田禾多被葭沒。」下戶部覆視之。	《明英宗實錄》卷三二二
天順五年五月	免南康饒州九江南昌四府並南昌等衛所去年被災秋糧子粒五萬一千三百六十餘石。	《明英宗實錄》卷三二八
天順七年九月	巡按江西監察禦史陸平奏：「九江府德化彭澤二縣今年六月以來天雨連綿，江水泛溢，邊江民田，葭沒無收，欲催秋糧恐逼民逃竄，乞量為優免。」上命戶部理之。	《明英宗實錄》卷三五七
成化元年八月	江西所屬郡縣水患，詔戶部勘實以聞。	《明憲宗實錄》卷二〇
成化三年九月	戶部奏江西南昌等十三府、九江等五衛今歲四月至六月不雨，田禾盡枯，而二處歲徵稅糧起運綿布皆係供給京儲，今京通二倉所儲有限，而費用無窮，若概蠲免，恐誤國用，請令各布按二司官重為審驗。	《明憲宗實錄》卷四六

時間	災害及處理情況	資料來源
成化三年 九月	上以湖廣江西旱，倉廩空虛，民食不給，特勅二處巡撫巡按官督令布按二司分投賑恤，凡不急之務，悉令停止，文武官吏量減本色俸糧，以濟民急。	《明憲宗實錄》卷四六
成化三年 九月	命停徵江西湖廣有災稅糧，從工部侍郎兼翰林院學士劉定之言也。	《明憲宗實錄》卷四六
成化三年 九月	戶科給事中彭序言：「湖廣江西水旱相仍，歲泒諸色物料及抄造紙價買辦聞辦諸物料，請暫停止，事下工部議宜令各布按司勘實，災重郡縣暫止之，災輕處否。」詔可。	《明憲宗實錄》卷四六
成化三年 十二月	巡按江西監察御史趙敔言近往南昌九江南康等屬縣巡歷鄉村場圃，寸草無積，所至百姓成群攔擁，訴告備說今歲旱傷特甚，米價高貴，幸荷朝廷寬憫，今冬可保無虞，來春必難度日，必須多積糧儲。	《明憲宗實錄》卷四九

時間	災害及處理情況	資料來源
成化四年二月	巡撫湖廣右副都御史羅奏湖廣水旱，民饑糧少，請令江西九江府所收船鈔改納米運往被災地方賑濟。已而巡按江西監察御史趙敔奏九江之旱尤甚他方，宜存本處賑濟，如例加息還官，秋成停止。從之。	《明憲宗實錄》卷五一
成化四年六月	以旱災免南昌等府衛官民田並山塘屯田秋糧子粒凡二百八十八萬六千三百餘石。	《明憲宗實錄》卷五五
成化十年七月	免南昌等府秋糧八十六萬四千一百七十餘石，九江等衛子粒二萬一千七百八十餘石，以旱傷故也。	《明憲宗實錄》卷一三一
成化十三年七月	免江西各府衛成化十二年分秋糧四十三萬二千餘石，子粒七千餘石，以水旱災故也。	《明憲宗實錄》卷一六八

時間	災害及處理情況	資料來源
成化十五年正月	巡視江西南京刑部右侍郎金紳言江西救荒事宜：「九江南康二府並九江衛水災尤甚，而儲蓄有限，請以九江鈔關暫如臨清淮揚事例委官鹽管，折收米穀銀錢以供賑濟。」戶部議宜如所奏，惟九江鈔關例給京庫，難准淮揚之例。	《明憲宗實錄》卷一八六
成化十五年三月	免江西秋糧子粒一百三十二萬三千九百石有奇，以去年水災也。	《明憲宗實錄》卷一八八
成化十五年九月	戶部奏：「江西府縣衛所地方累歲水旱災傷，人民饑窘，盜賊竊發，宜為之計。」上命鎮守巡視等官其加意區畫賑濟，毋令失所。	《明憲宗實錄》卷一九四
成化十五年十二月	以江西旱災，免饒州等十三衛鄱陽等六十九縣南昌前等五衛饒州等九所稅糧子粒一百八十萬八千九百九十餘石，仍留兌運糧三十萬石，每石止徵銀六錢以平米價下戶部議也。	《明憲宗實錄》卷一九八

時間	災害及處理情況	資料來源
成化二十年三月	新建豐城高安三縣大風雨雹，壞民舍宇千餘間，民多壓死者。	《明憲宗實錄》卷二五〇
成化二十二年十二月	以旱災免吉安等三府並贛州等七衛所秋糧子粒共三十一萬九千四十餘石。	《明憲宗實錄》卷二八五
弘治六年二月	武寧縣藿溪源等處多被水災，其田有沖成河洲不可復耕者千七百餘畝，有沙壅成田可墾為業者二千四十餘畝，有人口淪沒見年無收者二千三百七十餘畝。守臣具奏：不可耕者請令永遠納銀，可墾者令納銀三年，無收者令納銀一年，以後仍舊，其人口淪死房舍漂流者，請發倉賑恤。戶部覆奏，從之。	《明孝宗實錄》卷七二
弘治七年二月	巡按監察御史韓明奏，江西南昌九江等府自去年夏秋霪雨水潦交冬風雪連綿，沿江田地盡被淪沒，軍民房屋城垣圩蕩亦多浸壞，菜麥牛羊凍死殆盡，十二月中大雪，樹木結成冰，小者根株盡倒，大者枝柯壓折屋瓦，十室九破，道路阻塞，薪米騰貴，小民大困，命所司知之。	《明孝宗實錄》卷八五

時間	災害及處理情況	資料來源
弘治八年三月	以水災免江西南昌等府縣及南昌前等衛所弘治七年秋糧子粒有差。	《明孝宗實錄》卷九八
弘治八年十二月	南昌府大雷電，雨雪雹，大木折。	《明孝宗實錄》卷一〇七
弘治九年六月	以旱災免南昌等九府三十四縣、南昌左等三衛、廣信鉛山二守禦所弘治八年分稅糧五十萬八千有奇。	《明孝宗實錄》卷一一四
弘治九年六月	命豐城等六縣弘治七年起運南京各倉糧每石折銀四錢，以旱災故也。	《明孝宗實錄》卷一一四
弘治十年二月	新城縣雨冰雹，傷草木禽獸，民有凍死者。	《明孝宗實錄》卷一二二
弘治十年十月	以旱災免江西九江衛弘治八年屯種萬五千一百五十餘石。	《明孝宗實錄》卷一三〇
弘治十二年四月	以旱災免南贛瑞吉建廣六府及贛州衛及建昌廣信等八千戶所弘治十一年稅糧子粒有差。	《明孝宗實錄》卷一四九
弘治十三年六月	以水旱災免吉安等五府弘治十二年秋糧六十萬一千五百一十五石有奇。	《明孝宗實錄》卷一六三

時間	災害及處理情況	資料來源
弘治十三年八月	南安府被水患，命賑恤之。贛州吉安臨安南昌南康秋田之被災者核實以聞。	《明孝宗實錄》卷一六五
弘治十四年三月	以水旱免南昌等七府弘治十三年稅糧有差。	《明孝宗實錄》卷一七二
弘治十六年二月	以水災免南昌等處四府及直隸九江衛弘治十五年稅糧子粒有差。	《明孝宗實錄》卷一九六
弘治十六年三月	新昌縣雨水雹穀麥及稻。	《明孝宗實錄》卷一九七
弘治十七年六月	江西盧山鳴如雷，次日大風雨平地水丈餘，溺死星子德安二縣人口及漂沒民居甚眾。	《明孝宗實錄》卷二一三
弘治十八年冬十月	南安府大庾南康上猶及贛州府興國瑞金雩都信豐諸縣，自夏六月至是月瘴癘大作，官民多死亡者。建昌府廣昌縣大雨霧凡兩月，民病且死者相繼。	《明武宗實錄》卷六
正德八年十二月	江西自夏徂冬不雨，省城內外並各府縣火災屢發，延毀民居不可勝計。加以瘟疫流行，虎狼為害，小民困苦實不聊生。命蠲糧稅並賑濟江西地方。	《明武宗實錄》卷一〇七

時間	災害及處理情況	資料來源
正德十年六月	以南昌等十一府災令稅糧每歲帶徵二分，從布政使陳恰請也。	《明武宗實錄》卷一二六
正德十三年十一月	以水災免南昌九江南康饒州臨江袁瑞七府屬縣夏稅有差。	《明武宗實錄》卷一六八
正德十五年八月	以水災免江西十三府稅糧有差。	《明武宗實錄》卷一八九
嘉靖元年八月	以江西水災再免起運米二十萬石。	《明世宗實錄》卷一七
嘉靖二年六月	吉安袁州廣信等府州縣旱。	《明世宗實錄》卷二八
嘉靖三年二月	以災免江西吉安等府稅糧有差。	《明世宗實錄》卷三六
嘉靖四年九月	以災傷免南昌新建進賢豐城餘幹五縣秋糧有差。	《明世宗實錄》卷五五
嘉靖五年八月	以江西災傷准折兌運米二十七萬石。	《明世宗實錄》卷六七
嘉靖六年九月	以江西水災減免田租有差。	《明世宗實錄》卷八〇
嘉靖八年十月	以災免江西南昌等十府各屬州縣稅糧如例仍聽折兌軍糧一十六萬石。	《明世宗實錄》卷一〇六

時間	災害及處理情況	資料來源
嘉靖八年十一月	以江西南昌等府水災詔以叚疋弓張等項暫行停免。	《明世宗實錄》卷一〇七
嘉靖九年八月	以水災減免江西南昌等府及九江等衛糧稅有差。	《明世宗實錄》卷一一六
嘉靖十一年十一月	以災免江西吉安等府廬陵等四十六縣袁州等八衛所存留稅糧，仍令改兌軍米十五萬石兌米八萬石。	《明世宗實錄》卷一四四
嘉靖十二年十月	以江西瑞州等府旱災蠲免存留錢糧有差。	《明世宗實錄》卷一五五
嘉靖十四年七月	以江西吉安等府水災詔蠲稅議賑仍聽存留缺官銀賑濟。	《明世宗實錄》卷一七七
嘉靖十五年十月	以災傷免江西吉安等府田糧有差。	《明世宗實錄》卷一九二
嘉靖十六年九月	以水災免江西進賢等處稅糧有差。	《明世宗實錄》卷二〇四
嘉靖十八年十一月	以水災免江西南昌瑞州臨江吉安撫州饒州南康九江等府所屬各縣及九江衛稅糧如例。	《明世宗實錄》卷二三一
嘉靖十九年三月	以水災詔留江西南昌等府縣九江永新等衛所折銀糴以恤之。	《明世宗實錄》卷二三五

時間	災害及處理情況	資料來源
嘉靖十九年七月	以水災詔江西南昌等府新建等縣兌運正米內量改折色十一萬石並留派剩南糧四萬石以備賑濟。	《明世宗實錄》卷二三九
嘉靖二十四年九月	以旱災詔南直隸浙江江西湖廣河南所屬州縣及諸衛所田糧改徵折色有差。	《明世宗實錄》卷三〇三
嘉靖二十五年九月	江西旱災，石城王府輔國將軍宸瀜宜春王府輔國將軍宸涼各捐祿賑饑。	《明世宗實錄》卷三一五
嘉靖二十六年九月	以災傷免江西撫州吉安瑞州袁州臨江各府屬州縣稅糧有差。	《明世宗實錄》卷三二七
嘉靖三十年九月	以災傷免江西九江饒州等府各州縣衛所田糧有差。	《明世宗實錄》卷三七七
嘉靖三十一年十月	以旱災減免江西南昌瑞州袁州臨江吉安撫州贛州南安八府所屬州縣並南安信豐等所稅糧。	《明世宗實錄》卷三九〇
嘉靖三十五年九月	以水災免江西南贛等府福建汀州等府稅糧有差。	《明世宗實錄》卷四三九
嘉靖三十五年十二月	以江西南昌瑞州袁州臨江吉安撫州饒州南康九江南安贛州各屬縣並南安會昌信豐等千戶所水災免存留稅糧有差。	《明世宗實錄》卷四四二

時間	災害及處理情況	資料來源
嘉靖四十一年十月	以水災免江西南昌瑞州臨江袁州吉安撫州建昌饒州南康九江贛州等府所屬州縣秋糧有差。	《明世宗實錄》卷五一四
嘉靖四十三年閏二月	以水災免江西南昌瑞州九江三府各屬州縣稅糧有差。	《明世宗實錄》卷五三一
萬曆十四年八月	勘過江西贛州府屬等地方災傷，分別重輕蠲賑有差。	《明神宗實錄》卷一七七
萬曆二十一年十一月	戶部題覆江西撫按所奏，建昌府屬新城南城瀘溪並上饒鉛山等縣水旱災傷輕重不等，酌量改折蠲賑。從之。	《明神宗實錄》卷二六六
萬曆三十六年八月	江西巡撫衛承芳查勘過南昌等府所屬南昌等縣各被水旱大災，欲將漕南二糧分別改折並求寬宿逋停燒造，允之。	《明神宗實錄》卷四四九
萬曆三十七年二月	以江西水旱災傷，准將魚課銀兩自三十六年以後一併豁免。	《明神宗實錄》卷四五五
萬曆三十七年五月	江西南昌等八府同日水災。	《明神宗實錄》卷四五八
萬曆四十五年三月	以江西水災准留二監額稅銀二萬兩賑濟，從巡按禦史陳於庭請也。	《明神宗實錄》卷五五五

時間	災害及處理情況	資料來源
萬曆四十六年十月	江西巡撫包見捷奏，八月間奉新等州縣蛟災四出，洪水橫流漂蕩城郭廬舍人民無數，因陳宗祿日廣，宜裁絲絹弓箭胖襖等項，宜折湖稅，宜罷遺佚數事。	《明神宗實錄》卷五七五

· 陂塘圖，《天工開物》卷上《乃粒》插圖。

為保護農業生產和居民的安全，官府和民間都修建了大量的水利設施，除前文論及的圩堤之外，常見的還有陂、塘、堰、閘等。

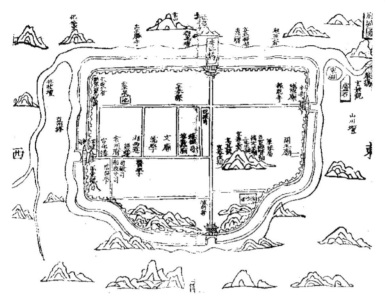

·袁州府城及所示李渠圖，見於嘉靖《袁州府志·府城圖》。

明初，明太祖詔諭天下吏民修治水利，並遣國子監生及「人才」分赴各郡縣監督，「集吏民乘農隙相度其宜，凡陂塘湖堰可瀦蓄以備旱熯、宣洩以防霖潦者，皆宜因其地勢修治之」[14]。吉安府泰和縣最大的農田水利工程──槎灘陂，即在此背景下進行了重修。與槎灘陂有密切關係的《周氏族譜》記載：「洪武二十七年，太祖高皇帝詔諭天下修築陂塘，欽差監生范親臨期會鞭石，修砌堅固，自此瞻用減費。」[15]許多大型的、古老的水利工

14　《明太祖實錄》卷二三四，洪武二十七年八月乙亥。

15　《泰和南岡周氏漆田學士派三次續修譜》（1996年鉛印本）第十冊，《雜錄·槎灘碉石陂事實記》。

程都得到了修復，重新煥發出生機。如宜春李渠，明代先後進行過五次疏濬，其中弘治十三年知府朱華在修渠時還「砌仰山石路，浚袁城五井」，正德年間知府徐璉再次疏濬，「居民飲食滌灌咸取給焉」，並建亭紀念。[16]再如崇仁梓陂，唐初撫州刺史周法猛所修，圳長四十餘里，灌田六萬餘畝，年久歲湮，永樂間本縣庠生王橡「請於當事，凡上下五六里，水道不通之處，請以己田易，乃由石背鑿石閘渠，沿金湖達山泉舊址至臨川境，名曰『石背新陂』」。其他如位於臨川縣的千金陂、宜黃縣的永豐陂等大型水利工程，也都基本得到修復，而且灌溉規模較前擴大。

明代江西的各種水利設施數量眾多，並且呈不斷增加的趨勢。

南昌府：「豫章為八郡水之所會，地最卑下，故田以堤為命。孜孜修築，然隨築隨潰，猶僅僅舉十之三四焉，亦困甚矣。至陂塘渚水，又禦旱至計也。」萬曆時南昌府各州縣現存的堤、圩、陂、塘、堰等數量達三千餘處。[17]

袁州府：「袁山溪之介水湍悍易洩潰，非勤堰注即川澗涸竭。」嘉靖時四縣陂堰圳塘達一七〇〇餘處。[18]

臨江府：「田徑夾山溪間，厥土多沙善洩潰，一雨輒盈，止則涸。里諺曰『三夜月明齊告旱，一聲雷響便撐船』。是故田之

16　徐璉：《浚渠亭記》，正德《袁州府志》卷一四《藝文四》。
17　萬曆《新修南昌府志》卷六《水利》。
18　嘉靖《袁州府志》卷五《渠塘志》。

歲莫重乎陂塘。」所屬清江、新喻、新淦、峽江嘉靖時四縣陂塘達一四五五[19]，隆慶時四縣陂塘圩岸增加至一七〇九所[20]。清江一縣在明末有塘、陂、湖、圳等各類水利設施共七三六所。[21]

此外，弘治《撫州府志》記該府五縣陂塘湖堰一七六二處。[22]嘉靖《九江府志》只記各縣較大的塘堰，五縣共計七十七處。[23]正德《饒州府志》記一府陂塘圩堰總數共三五二四所，再列舉各縣數目，並沒有載陂塘圩堰的名稱及位置。修志者謂「不詳開者，恐為奸者所罔」，可能當時因為這些水利設施有過糾紛。[24]嘉靖《廣信府志》記該府各縣有陂堰圳塘四百處。[25]嘉靖《南安府志》記四縣陂塘圳五六九處。[26]嘉靖《贛州府志》記該府各縣陂塘共計約一二三〇處。[27]

明前期，江西地方重要的水利事務多由政府出面組織興修，進行直接管理。如，永樂二年七月，修江西分宜縣漳湖塘。[28]永樂四年二月，因南昌府豐城縣境內穆湖等處圩岸為水蕩決三千三

19　嘉靖《臨江府志》卷二《郡域志第一之二》。
20　隆慶《臨江府志》卷六《農政》。
21　崇禎《清江縣誌》卷三《水利》。
22　弘治《撫州府志》卷五《水利一》。
23　嘉靖《九江府志》卷四《食貨志》。
24　正德《饒州府志》卷一《水利附》。
25　嘉靖《廣信府志》卷六《食貨志‧水利》。
26　嘉靖《南安府志》卷二一《利澤志》。
27　嘉靖《贛州府志》卷三《陂澤》。
28　《明太宗實錄》卷三三，永樂二年七月乙巳。

百餘丈，官府發民修築。[29]永樂九年正月，修吉安府安福縣陂等處塘堰。[30]永樂九年二月，修饒州府安仁縣饒家陂。[31]宣德三年四月，巡按江西監察御史許勝奏：「江西南昌府所轄之地有瑞河一道，兩岸低窪多良田，洪武間有言於朝者，遣官按視發民修築堤岸，水不為患。比年洪水泛溢岸之頹圮者二十餘處。又豐城縣安沙繩灣圩岸計三千六百一十丈，永樂間因水衝決改修一百三十餘丈，於民甚便，比因久雨江漲堤壞，其受利之民雖併力修築，恐不能集事，乞敕所轄上司委官於農隙之時，發民協力修理。」從之。[32]宣德六年九月，豐城縣臨長江，其西北舊有石砌堤岸，高約二丈有奇，長約二百四十餘丈及西南七圩，俱有堤防水，堤內民田歲輸糧三萬餘石，比歲俱為水衝決田禾無收，令本縣俟農隙之時，量發民丁工匠修築。[33]正統元年十月，吉安府知府陳本深以府城外緣江堤岸損壞，修築以備水患。[34]正統五年九月，饒州守禦千戶所奏本所城邊湖港比因久雨水，泛頹六百餘丈，請於附近有司倩民夫同軍餘相兼修築，從之。[35]正統六年五月，修吉安府城南近江隄。[36]正統六年七月，因豐城縣沙月等湖隄單薄

29　《明太宗實錄》卷五一，永樂四年二月丙戌。

30　《明太宗實錄》卷一一二，永樂九年正月己巳。

31　《明太宗實錄》卷一一三，永樂九年二月壬寅。

32　《明宣宗實錄》卷四一，宣德三年夏四月壬申。

33　《明宣宗實錄》卷八三，宣德六年九月戊寅。

34　《明英宗實錄》卷二三，正統元年冬月十月甲戌。

35　《明英宗實錄》卷七一，正統五年九月甲子。

36　《明英宗實錄》卷七九，正統六年五月乙卯。

易決，官府填築以便民。[37]九江府城以邊大江，被江水沖壞二百餘丈，隄決倍之。正統七年九月，江西巡按御史命九江衛率軍工修築。[38]正統八年十二月，吏部聽選官胡秉賢提請地方官主持水利：「臣原籍江西弋陽縣，有官陂二所，民田三萬餘畝，藉其灌溉，近年被沿陂豪強之人私創碓磨，走洩水利，稍有旱暵，民皆失望。乞勑巡按御史督官吏毀其碓磨，修其珊決，選民間稍持公正者一人掌。」[39]景泰三年九月，因泰和縣原有信豐陂近年被水衝決，不能灌田，以致厚種薄收，逋負徵稅，政府於是進行修築。[40]

明中期以後，由於地方財政日益困乏，政府相繼放棄了許多原來的行政職能，尤其是把包括水利在內的各種地方公共事務的權力下移給地方士紳及宗族、鄉族勢力，地方政府只參與一些較大的水利工程，其他則授權給士紳，由他們組織鄉民籌措經費並自行修築、管理。如龍泉縣規模較大的水利工程大豐陂及貓兒關陂的修築，宋淳熙二年主簿黃斗攝縣事時修，至洪武二年縣令何萬選重修。景泰間毀於水災，正德十一年，知縣陳允諧勸義民李盤植、王文、郭顯輔、項萬等數十人，各捐己資修復。萬曆時大豐陂又被水沖，河道遷徙。天啟中「善士」郭尚朋等因大豐陂廢而難復，遂就關下小溪另築一陂，名為「貓兒關陂」，買田開

37　《明英宗實錄》卷八一，正統六年秋七月庚子。
38　《明英宗實錄》卷九六，正統七年九月辛酉。
39　《明英宗實錄》卷一一一，正統八年十二月戊戌。
40　《明英宗實錄》卷二二〇，景泰三年九月庚寅。

圳。崇禎間淤塞，郭尚朋復墾闢之「用數百工」，俱其一人捐囊辦理。[41]再如鉛山縣新政鄉的火田圳，舊有圳長四十餘里，灌溉田可達數萬畝，但浮沙淤塞，以致水利不敷。成化初「耆老」陳瑄如沿圳新修六百餘丈，種柳成蔭，保養水土，並於壩口造石橋一座，以防洪水擁塞。又買田數畝，改作圳五百餘丈，鑿石橋兩所，長七尺有奇，橋下開坪分水，圳下復分九處，「以均灌蔭之利」，澤被鄉人，費宏作詩加以頌揚。[42]此類地方人士參與及主導地方水利的記錄大量見於各府縣地方誌和族譜當中。

三　墾田、稅田的增減與農業勞動力的流失

　　荒田的開墾是農業生產力發展的重要標誌，歷代統治者對此極為重視。洪武元年八月大赦天下，詔曰：「州郡人民因兵亂逃避他方，田產已歸於有力之家，其耕墾成熟者聽為己業；若還鄉復業者，有司於旁近荒田內如數給與耕種。其餘荒田亦許民墾闢為己業，免徭役三年。」[43]在明初鼓勵墾荒的政策下，江西的墾田數量有較大幅度增加。洪武三年，江西與山東、河南的府州縣墾田二一三五頃[44]，而洪武二年，天下州郡縣墾田的總額不過八九八頃[45]。洪武八年，江西與直隸寧國諸府、山西、陝西、浙江

41　郭繼瓊：《貓兒陂記》，同治《龍泉縣誌》卷一五《藝文》。

42　嘉靖《廣信府志》卷六《食貨志・水利》。

43　《明太祖實錄》卷三四，洪武元年八月己卯。

44　《明太祖實錄》卷五九，洪武三年十二月甲申。

45　《明太祖實錄》卷四九，洪武二年十一月庚寅。

各省道墾地六二三〇八頃二十八畝[46]，至洪武二十六年，江西的田土總額已達四三一一八六頃[47]，這個數字已接近北宋元豐年間整個江南西路的官民田總數——四五二二三一頃[48]。自洪武二十六年核天下土田數後，新墾田地停徵其稅，其後江西實際的墾田數仍繼續增加。

但是，從明初洪武年間至萬曆年間，官方統計的耕地數量卻在下降，即國家控制的稅田（賦田）數字在減少。同樣，人口數字的變化也顯示了實際數量的增長與統計數字減少之間的矛盾（參見表 3-2）。

· 表 3-2 洪武、弘治、萬曆三朝江西的官方統計戶口及耕地數

時間	田地（頃）	戶數	口數	資料來源
洪武二十六年（1393）	431186	1553923	8982482	戶口數據《明史》卷四三《地理志》，田地數據《萬曆會典》卷一七《戶部四》。
弘治四年（1491）	402352	1363629	6549800	
萬曆六年（1578）	401151	1341005	5859026	

46 《明太祖實錄》卷一〇二，洪武八年十一月乙卯。
47 萬曆《明會典》卷一七《戶部四》。
48 北宋時期，江、饒、信三州及南康軍沿屬江南東路，不包括在江南西路內。

人口的多寡也歷來是中國古代社會衡量生產力發展狀況的主要參數。人口即是勞動力，在一定的歷史時期，人口的增長既是生產力進一步發展的條件，又是生產力發展的結果。明前期江西鄱陽湖區農業人口的變化說明了這一點。湖區人口這一階段出現向上發展的趨勢，自洪武年間到弘治年間，戶口數保持原有水平並有增加。據《鄱陽湖區自然和社會經濟歷史資料》（江西科學技術出版社1985年版）中的有關部分統計，南昌、新建、德安、鄱陽、進賢等縣人口，自洪武至永樂時期都有較大增長，其他縣除德化外，也都稍有增加。弘治以後，江西及全國的人口數字呈下降趨勢。從弘治至萬曆年間，鄱陽湖區人口數從一三○多萬急邃下降為七十四萬餘，和全省人口的大勢趨於一致（參見表3-3）。

建昌府廣昌縣，原有八十二里，按明代里甲制，一一○戶為一里，共九○二○戶；正統末年減為二十四里，減少六三八○戶。知縣江浩召見里老詢問緣故，「皆對曰：田歸豪右，賦在貧下，故逋者眾耳」[49]。據縣誌載：

洪武二十四年（1391年）戶 10961 口 37990

永樂十年（1412年）戶 6016 口 16005

弘治十五年（1502年）戶 2713 口 8956

嘉靖十一年（1532年）戶 2308 口 8342[50]

49　何喬新：《兩浙都轉運使前建昌府太守江侯生祠記》，同治《廣昌縣誌》卷八《藝文》。

50　同治《廣昌縣誌》卷二《賦役志・戶口》。

· 表 3-3 明代洪武、弘治、萬曆三朝間鄱陽湖區諸縣的官方統計人口

時間 縣名	洪武廿四年 （1391）	弘治年間 （1488-1505）	萬曆年間 （1572-1620）	備註
南昌縣	338787	440194	134722	（1）弘治、萬曆年間各縣人口數的年份不一，故統稱弘治間、萬曆間，個別縣為天啟數字。（2）全省合計數字根據《明史》卷四三《地理志四》，年份分別為洪武二十六年、弘治四年、萬曆六年。
新建縣	134325	117610	52218	
建昌縣	99454	15319	7452	
德安縣	6390	15319	12151	
星子縣	13577	13443	11178	
德化縣	16280	12167	20995	
湖口縣	12343	15140	8942	
都昌縣	97509	96555	58870	
鄱陽縣	211150	287931	307530	
餘干縣	162094	176211	71303	
進賢縣	142300	142300	61554	
湖區合計	1234300	1332189	746915	
全省總計	8982481	6549800	5859026	
湖區占全省（%）	13.7	20.3	12.7	

　　弘治、嘉靖時的在籍戶口數尚不及洪武時的四分之一。這是一個戶口減少的實例。

　　儘管明代官方的人口數據顯示人口停滯，但我們根據影響人口增長的物質和政治條件等因素綜合分析，完全有理由相信，從

洪武初期至萬曆中期江西的人口是不斷增加的。

那麼，是什麼原因造成官方的稅田、人口數字與事實之間存在如此巨大的差距呢？

戶口、田地統計數遞減，是明代全國性的現象，但江西表現得更突出。一方面是戶口數下降明顯，萬曆人口數僅僅是洪武人口數的百分之六十五點二，比全國總數多下降三十點七五個百分點。[51]另一方面，江西的稅田數減少並不太多，萬曆數是洪武數的百分之九十三，與人口形勢不一致。這種差別的形成，是官紳地主兼併土地、逃避轉嫁賦役所致，農民「產去稅存」，因而徵賦面積基本照舊。農民要交納無田之賦，糧繁差重，必然導致民戶逃避賦役，人民破產與逃亡也在情理之中，故人口統計數下降幅度甚大。

明代江西的賦稅繁重，運糧及其他方面的差役也就自然繁重。洪武二十一年，吉水解縉基於家鄉的見聞，上書指出稅多役重之弊。他說：「貧下之家……或賣產以供稅，產去而稅存；或賠辦以當役，役重而民困。土田之高下不均，起科之輕重無別，膏腴而稅反輕，瘠鹵而稅反重。」[52]成化時羅倫在給永豐縣知縣的信中就指出：「凡有科差，吏胥舞文、里老受託，以上而為下，以下而為上。田連阡陌者諸科不與，室如懸磬者無差不

51　按官方數字，洪武二十六年全國口數為四七八六萬餘，萬曆六年則為四五九二萬餘，萬曆為洪武的百分之九十五點九五。

52　《明史》卷一四七《解縉傳》。

至。」[53]成化初，朝中即已有如此對吉安的議論與看法：「文人賢士固多，而強宗豪右亦不少，或互相爭鬥，或彼此侵漁，囂訟大興，刁風益肆。」[54]

《皇明條法事類纂》記載江西農民遭受豪紳大戶的盤剝與欺壓：

> 江西地方小民，多被勢要土豪大戶占種田地，侵占墳山，謀騙產業，毆傷人命，狀投里老，畏懼富豪，受私偏判，反告到縣；平日富豪人情稔熟，反將小民監禁，少則半年，多則一二年以上，……民之受苦，莫是之甚。[55]

又記此類命苦的農民逃往別處，「才出狼窩，又入虎穴」：

> 南、贛二府地方地廣山深，居民頗少，有等富豪大戶不守本分，吞併小民田地，四散置為莊所，鄰境小民畏避差徭，揭家逃來投為佃戶，或收充家人。種伊田土，則不論荒熟，一概逼取租穀；借伊錢債，則不論有無，一概累算利息。少拂其意，或橫加箠楚，或強准孳蓄，或逼賣子女。……此事不獨南、贛二府為然，甚至宦族不亦或有之，不獨大戶為然。[56]

53　光緒《吉安府志》卷一五《戶口》。
54　《明憲宗實錄》卷五六，成化四年七月癸未。
55　《皇明條法事類纂》卷四八《斷罪不當》。
56　《皇明條法串類纂》補遺《禁約江西大戶逼迫故縱佃僕為盜、其窩盜

明代江西農民除負擔官府的繁重賦役及豪紳富室的肆意盤剝外，還要負擔三大藩王世家的歲祿支銀（詳見第一章第三節）。

因而，丁少差重、田少糧重，甚至產去稅存、戶逃役留的情形在江西成了十分普遍現象，「田歸豪右，賦在貧下，故逋者眾耳」[57]。正如本書第二章所述，明政府在江西的強制性移民發生在洪武時期，江西農民為逃避賦役的人口逃亡則貫穿著整個明代。

第二節 ▶ 明代江西糧食的生產與外銷

一　水稻的品種與產量

從現有資料看，明清時期江西地區的糧食種植有著明顯的階段性變化。明前期，贛北鄱陽湖平原、贛中丘陵盆地，一般都以種植水稻為主，間種大豆、山藥、水旱芋等雜糧及油菜、棉、麻等作物，山區及近山丘陵地帶，則種植大麥、小麥、小米、旱芋等，有條件處也種植水稻。明中期以後，隨著本地區平原、丘陵地區以及閩粵地區的人口大量進入贛南、贛東北、贛西北山區，為瞭解決日益增加的糧食需求，山區和丘陵地帶，凡是有條件的

三名以上充軍例》。

57　何喬新：《兩浙都轉運使前建昌府太守江候生祠記》，同治《廣昌縣誌》卷八《藝文》。

地區，都在開山造田，種植水稻，因為水稻的產量遠遠高於麥、粟等雜糧。明末清初尤其是清中期以後，隨著玉米、番薯、土豆等高產雜糧作物的引進，江西的山區、丘陵乃至部分平原地區，也種起了玉米、番薯、土豆，山坡地、缺水地無法種植水稻，更以高產雜糧為主要糧食作物。明清時期江西地區糧食種植的這種變化，既滿足了人口增長的需要，也使這一地區在商品糧生產基地的地位得以保持，每年都有大量的糧食主要是大米行銷全國各地特別是江南地區。

兩宋以來，江西一直是最重要的水稻生產基地之一，是主要的稻米輸出省份。從洪武、弘治、萬曆三朝的夏秋賦糧徵收數量中可以清楚地看到這一點（見表3-4）。

·表3-4 洪武、弘治、萬曆三朝夏秋賦糧徵收數量

		洪武二十六年（1393）	弘治十五年（1502）	萬曆六年（1578）	資料來源
全國	夏稅麥	4712900	462559	4605243	《萬曆會典》卷二四、二五，《戶部·稅糧》。
	秋糧米	24729450	22166666	22033171	
	麥米合計	29442350	26792260	26638414	
	米所占比例（%）	83.99	82.73	82.71	
江西	夏稅麥	79050	87636	88072	
	秋糧米	2585256	252870	2528270	
	麥米合計	2664306	2615906	2616342	
	米所占比例（%）	97.03	96.67	96.63	

·耕田圖，《天工開物》卷上《乃粒》插圖。

就表 3-4 中江西輸納的麥米數量分析，麥不足全國總數的百分之二，米則在十分之一以上，按時間依次為百分之十點四五、百分之十一點四一、百分之十一點四七，在各省名次中分別占第二位、第一位、第一位。洪武間居第二位時，比浙江少八萬石，弘治、萬曆時則分別比浙江多十七萬石、十六萬石。當然，依據現存的資料，我們無法得知明代江西全省水稻產量的確切數字，但從江西向中央上交的秋糧數量及其在全國所占的比例來看，江西水稻的總產量無疑是很高的。

明代江西水稻不僅總產量高，而且品種豐富，既多且雜，充分依水土之宜，廣泛吸收不同品種的長處，求得更好的耕作收益。據正德《南康府志》、正德《袁州府志》、正德《建昌府志》、嘉靖《贛州府志》、嘉靖《九江府志》、隆慶《臨江府志》及嘉靖《東鄉縣誌》、嘉靖《瑞金縣誌》、嘉靖《永豐縣誌》、隆

慶《瑞昌縣誌》等方志及《天工開物》記載，當時江西農民栽培的水稻品種，計有早稻二十八個、中稻二十六個、糯稻二十八個、晚稻五個、旱穀三個，合計九十個。其中有的品種名稱有明確的地名標記，揭示出其「原籍」，如雲南早、湖廣糯、陝西糯、池州占、淮禾、贛州早、饒占等。雲南、陝西的稻種到江西「落戶」，池州（今安徽貴池）占傳到建昌府（治今南城縣），湖廣糯傳到瑞金縣，路途遙遠。這些水稻的傳播應是明代人口流動的結果。

　　眾多稻種的出現，一方面是為了獲得較高的產量，另一方面則是為了滿足不同人群的需要，折射出社會階層的分野。旱穀中的「救公飢」，生長期短，能解決春夏糧荒，對貧苦農民的生計關係很大，因而江西各地都有栽種。正德《袁州府志》記：「五十日占，俗名救工飢，熟最早，然不廣種，少蒔以接糧。」[58]隆慶《臨江府志》載：「稻，名目不一，有一種最早熟者名『救公飢』，色白味香。」[59]嘉靖《東鄉縣誌》也說：「救公飢……農家種以續食。」[60]正德《建昌府志·物產》於「穀之屬」首列「救公飢」，並載「三月種，五月熟，他種青黃不接而此種先可食」。可見農民為了度過青黃不接的糧荒，選育並栽種成熟早但可能產量較低的「救公飢」。

　　優質稻種也有不少。如建昌府的八月白，又稱「銀珠米」。

58　正德《袁州府志》卷二《土產》。
59　隆慶《臨江府志》卷六《土產》。
60　嘉靖《東鄉縣誌》卷上《土產》。

正德《建昌府志》記：「八月白，晚稻極早熟者，香白，尤可貴，又名銀珠米。韓駒詩『起炊曉甑八月白』是也。」[61]韓駒為陵陽仙井（今四川井研）人，南宋初年任江州知州，晚年寓居撫州。由此可知，色白味香的銀珠米至遲在宋朝已受到推崇，到明代依然享有盛譽。明末談遷《棗林雜俎》也記：「江西建昌府產銀珠米，宋時太守沈造嘗獻」[62]，至明代仍然為進貢朝廷的特優名產。再如東鄉縣「白沙占」，「立秋後乃熟，宜為粉線，宋時崇仁人善制，經進名曰米米覽。」又有「早糯」：「米白而多，以釀酒，酒清而多。」[63]袁州有一種「晚糯」：「粒大而堅，用此造經冬酒。」[64]這些各具特點的水稻品種，適宜加工成別具風味的食品，從而豐富了人們的飲食生活。

上述六府四縣的資料，雖然只是江西十三府中的一部分，但因這些府縣的位置分佈在江西的東南西北各部，因而還是能夠大體上反映出江西水稻品種以及水稻生產的概貌。

二　玉米、紅薯等高產糧食作物的引進

但是，已見成效的水稻生產，在山區卻失去了優勢。河谷地帶固然可以栽種水稻，山坡、荒崗卻難以平整土地、實施灌溉。

61　正德《建昌府志》卷三《物產》。

62　《歐陽修集》卷八六《內制集五・賜知建昌軍沈造敕書》：「省所進奉銀珠稻米一十石計一百黃絹袋事，具悉。」

63　嘉靖《東鄉縣誌》卷上《土產》。

64　正德《袁州府志》卷二《土產》。

即使是河谷地帶，也因為氣溫、日照等原因，無法推廣雙季稻，從而限制了地力的充分利用。而山區人口的不斷增加，又造成了當地糧食供應的緊張。於是，明中後期首先傳入中國福建、廣東一帶的耐旱耐瘠高產雜糧玉米、甘藷、土豆等，便隨著閩粵人口的進入而在江西山區落戶，支撐起山區糧食供應的半壁江山，而麥、粟、芋、豆等傳統雜糧的種植，在技術上也有新的進步。

由於江西特別是贛南山區地鄰閩粵，這裡成了閩粵流民內遷的第一站。玉米、番薯、土豆等高產雜糧品種，也隨著閩粵流民的內遷來到江西尤其是贛南、贛東北、贛西北山區。

《贛縣誌》載：「贛之所產以粟米為多，以山田多旱故也。」[65]這裡所說的「粟」，實為玉米，當地居民稱之為「苞粟」，故同治《贛州府志》說：當地農民「朝夕果腹多苞粟、薯芋，或終歲不米炊」[66]。將玉米稱為「苞粟」在江西十分普遍，而且多種於山田瘠土，成為當地居民的輔助食糧乃至主食。《建昌縣誌》說：「苞粟，……雲山頂上，山田不宜稻，村人廣蒔之，蒸龕充飢，亦農家一特品也。」[67]《萬載縣誌》也說：「苞粟，……土人舂之以代飯。」[68]《義寧州志》則記載得更為詳細：「苞蘆粟，苞數重，長數寸，苞上有鬣，嫩時色白，老漸赤，實大如豆，種宜於瘠土，故山鄉多種之。一干（桿）可得二三苞，褪其莩成

65　乾隆《贛縣誌》卷二《物產》。
66　同治《贛州府志》卷二〇《風俗》。
67　光緒《建昌縣誌》卷一一《物產》。
68　道光《萬載縣誌》卷一二《土產》。

米，蒸食，頗與稻米相垺。亦可釀酒。」[69]又有將其稱為「苞蘆」、「寶珠粟」等名稱者。《瑞金縣誌》說，粟中「穗粗粒圓大者曰寶珠粟，可蒸食，亦可舂粉為餈餌」[70]。《鄱陽縣誌》說：「苞蘆，即俗呼玉米者，江南人在山鄉佃山，種以為食。」[71]南昌則稱其為「御米」、「金豆」，由福建流民眾多的寧州傳來：「御米（玉米），俗呼金豆，莖葉頗類粟，附莖著包，包裹米，米如石榴子，有紅黃白三種，可煮食，寧州最多，近南昌亦有之。」[72]

比起玉米，種植技術更為簡易、單位面積產量更高、食用更加方便而且味道更好的番薯在江西的種植更為普遍。[73]民國《大庾縣誌》記當地番薯的來源及其食用方法：

番薯……萬曆間福建巡撫金學曾傳自外國，故名番薯。閩興（化）、泉（州）、漳（州）人種之，每畝地可收三四千斤，用代谷食。餘者於冬至前後，切片曬乾藏之，作次年糧。剉為粉，比

---

69 同治《義寧州志》卷八《物產》。

70 光緒《瑞金縣誌》卷二《物產》。

71 同治《鄱陽縣誌》卷六《物產》。

72 同治《南昌府志》卷八《土產》。

73 按：雖然幾乎所有的清代記載都説番薯自明萬曆年間由「閩人」從呂宋引入，但龔溥慶《師竹齋筆記》卻有自己的看法，「《甘藷錄》載：閩人陳經綸自呂宋移歸，（甘藷的帶入）殆即是人歟，可謂有心興利者矣。後閩撫金公學曾勸民樹藝，閩人德之，號曰『金薯』。而長樂謝肇淛、黃州李時珍、新城王象晉各有論述，俱不及陳、謝二人，或中國素有是種，失之，而陳複自呂宋傳歸，未可知也。」（卷七《甘藷》），轉引自中國社會科學院歷史研究所清研究室《清史資料》第七輯，中華書局一九八九年版。

豆蕨為佳。食之甚益人。貨通江、浙、楚、粵，至今大被其利。庾邑近亦有種者，但未得其法，故不能多生。今墟市中見有比前略大者，然猶未得如閩之獲利多。[74]

寧州徐元扆盛讚番薯有「十二勝」：產量多、味道美、補身體、易繁殖、不怕風、可當糧、可釀酒、用地少、勞力省、可充邊儲、可作甜食、生熟可食。[75]由於有如此多的優點，所以番薯一經引進，便被迅速推廣。

番薯在江西的種植當在明末清初，無論山區平原，幾乎是無處不種薯。

在贛南，《石城縣誌》說：「番薯原出交趾，……皮肉俱白，味甘，蒸煮皆宜，生食更脆。石邑向不多有，近下鄉種山者繁殖，以備二糲不足，雖多食不傷人，亦救荒一善物也。」[76]在贛東北，《廣信府志》說：本地「有昔無而今盛者，番薯出西洋，閩粵人來此耕山者，攜其泛海所得苗種之，日漸繁多，色黃味甘，食之療飢，可以備荒。歷今三十餘年矣」[77]。《玉山縣誌》說：「番薯出西洋，閩粵人來此耕山者，攜其泛海所得之苗種之，日漸繁衍，色黃，味甘，食之療飢，可備荒，歷今百有餘年

74 民國《大庾縣誌》卷二《物產》。
75 同治《義寧州志》卷八《物產》。
76 乾隆《石城縣誌》卷一《物產》。
77 同治《廣信府志》卷二《物產》。

矣。」⁷⁸在贛西北，《鹽乘縣誌》說：「番薯，種來自南夷，僻鄉荒田多種之，惟種於山者皮紫而肉黃，味甘更勝。」⁷⁹《宜春縣誌》說：「薯，即番薯，種自南夷，故名。有腳板薯，分紅白二種，可當菜食。今又有六十薯及本地薯之別。六十薯皮紫而肌白（一稱雲南薯），本地薯皮白而肌紅，蒸食味更佳。尚有安南薯，皮白心紅。」⁸⁰南昌、九江、吉安等地，也有大量種植番薯的記載。《南昌府志》載：「番薯，種自南夷，近處處有之，皮紫肌白，生熟皆可食。」⁸¹《建昌縣誌》載：「薯，諸書收入菜部，雲山下三源諸區，不種稻種薯，以當米穀，實蔬中長年糧也。……雲山下家家種之。」⁸²九江所屬各縣，「芋之收倍於稻，薯之收倍於芋」⁸³。吉安各處山區則是「貧者半資以為糧」⁸⁴。

事實上，當高產雜糧顯示出它在經濟上的價值時，它的種植就不僅僅是限於山區，丘陵及平原地區也在廣泛種植，並取得比山區種植的更好效益。高產雜糧的廣泛種植，不但解決了山區及少田地區居民的日常需要，也使更多的穀米節省下來充當商品糧出售⁸⁵，而其本身也可製作成乾糧出售。江西在人口持續增長的

78　同治《玉山縣誌》卷一《物產》。
79　民國《鹽乘（新昌）縣誌》卷五《物產》。
80　民國《宜春縣誌》卷三《物產》。
81　同治《南昌府志》卷八《土產》。
82　同治《建昌縣誌》卷一一《物產》。
83　同治《九江府志》卷九《物產》。
84　同治《萬安縣誌》卷四《土產》。
85　民國《大庾縣誌‧物產》說：「（番薯）每畝地可收三四千斤，用代穀食，餘者於冬至前後，切片曬乾藏之，作次年糧。剉為粉，比豆蕨

清代中後期仍有大量的糧食外運，與高產雜糧的種植有著密切的關係。

三　江西糧食的外運與「湖廣熟天下足」

　　宋元時期流行著「蘇常熟天下足」或「蘇湖熟天下足」的民謠。長江三角洲或者說太湖流域以其優越的自然條件和先進的生產技術，在兩宋時期成為全國經濟最為發達的地區，糧食的單位面積產量也居全國前列。自明中期以後，隨著該地區的經濟轉型，取代蘇常或蘇湖在糧食供給上地位的，則是面積遠為廣袤的湖廣地區。明代中後期和清前期，在人口流動的作用下，兩湖平原及丘陵地區得到迅速的開發，個體農民受商品大潮的推動，在交納國家賦稅或田主地租、滿足家庭消費的同時，每年向外省提供大量的商品糧，「湖廣熟、天下足」由人們的期望和預言成為公認的事實。但是，在所謂「湖廣熟、天下足」的民謠之下，卻往往使人們忽略了一個基本事實，即與湖廣一道使「天下足」的，還有江西。是江西與湖南、湖北共同構成了當時中國最大的商品糧供應地。

　　江西在交納巨額稅糧之外，每年供應周圍省份的糧食，雖然具體數量缺乏記載，但是從當時人記述的事例中，仍能看出其重要的地位。

　　江西等地輸出的商品糧首先是滿足江南地區即南京和蘇、

為佳，食之甚益人，貨通江、浙、楚、粵，至今大被其利。」

松、杭、嘉、湖等經濟發達地區，特別是這些地區的城市需求。顧起元《客座贅語》云：

金陵百年來，穀價雖翔貴至二兩，或一兩五六錢，然不逾數時，米價輒漸平。從未有若西北之斗米數百錢，而饑饉連歲，至齧木皮草根砂石以為糧者。則以倉庾之積貯猶富，而舟楫之搬運猶易也。惟倉庾不發，而湖廣、江西亦荒，米客不時至，則穀價驟踴，而人情嗷嗷矣。[86]

顧起元為萬曆二十六年進士，嘉靖四十四年生於南京，崇禎元年卒於南京，其《客座贅語》專記南京故實，所言可信，說明在明中後期，南京的糧價，很大程度上決定於湖廣、江西的糧食收成及糧商的販運。江南地區為明中後期中國經濟作物和手工業最發達的地區，常患糧食不足，須由湖北、江西運入。安徽南部的徽州一帶，是茶葉、木材和紙、墨產區，其土地貧瘠，糧食不足。這個地區範圍雖小，購買力卻較高，在明後期，「大半取給於江西、湖廣之稻以足食者也，商賈從數千里轉輸」[87]。對此，當地人有更切身的體會。地方誌云：「郡處萬山，百貨皆仰於外⋯⋯一日饒河閉糴，則徽民仰屋；越舟不至，六邑無衣。」[88]

86　顧起元：《客座贅語》，卷二《議糴》。

87　吳應箕：《樓山堂集》，卷一二《江南平物價議》。

88　康熙《徽州府志》卷八《蠲賑》。

地方士紳汪偉在請求官府奏疏中寫道，徽州介萬山之中，地狹人稠，「即豐年亦仰食江楚，十居六七，勿論飢歲也」。糧食仰賴鄰近饒州鄱陽、浮梁，「一日米船不至，民有飢色，三日不至有餓莩，五日不至有晝奪」[89]。徽州與饒州壤地相接，這種糧食供求關係由來已久，絕非康熙時才如此。可見，江南地區的糧食供應，除當地生產之外，主要依賴的是湖廣及江西。造成這一事實的不僅是因為湘鄂贛商品糧比較充足，還因為湘鄂贛地區與江南地區的民眾飲食習慣相似，且運輸方便。

江西地區糧食供應的又一重要地區是京師北京。京師缺米，統治者首先想到的也是從江西、湖廣調撥或採買。但與江南不同的是，除了江西、湖廣外，由於東北正在成為新的商品糧生產地，京師的糧食供應並不全靠南方的漕糧及在江西、湖廣的採買。另外，京師的飲食習慣與山東更為接近，所以也可由山東等處接濟。

廣東、福建的糧食供應在相當長的時間裡也部分地依賴江西、湖廣。相對江南，廣東、福建與湘鄂贛主要產糧區距離稍遠，特別是運輸更為困難，無論是湘米還是贛米南運廣東，都是逆水而上，且道路曲折。贛米東運福建，主要由建昌府新城縣五福一路。北方各省發生自然災害，用於賑災的糧食也多來自江西、湖廣。此外，江西、湖廣的部分糧食還被商販運往海外。

由此可見，「湖廣熟、天下足」是有事實根據的。同時也可

以看出，江西在糧食的輸出方面，和湖廣一樣具有重要的地位。所謂「湖廣熟、天下足」之「湖廣」，也應包含江西在內。

不過，中國古代地方糧食外運表象的背後，往往意味著國家對該地方某種超經濟的強制與掠奪，具有明顯的政治目的。贛南地區一向被認為是明清時期糧食（大米）的重要生產地和輸出地，但實際上這並不是以本地糧食供給的有餘為基礎，而是以犧牲本地糧食的供給為代價。明後期贛南的糧食生產雖然勉強有餘，但實際儲備並不足，應付災荒的能力較為脆弱。這個問題在當時已經顯露出來，如天啟《贛州府志》所論：

　　贛亡他產，頗饒稻穀，自豫章吳會，咸取給焉。兩關轉穀之舟，日絡繹不絕，即儉歲亦櫓聲相聞。蓋齊民不善治生，所恃贍一切費者，終歲之入耳，故日食之餘，則盡以出糶，鮮有蓋藏者。且田土強半鄉壞占籍，土著無幾，公庾之積又未能陳陳相因足支二三年，如南昌、臨、吉諸郡告急，時時輸兩關，粟濟之下流固甚便。假令贛人飢，誰其輸之粟耶？越嶺則路為艱，溯河則水為逆。往戊子、己丑（指萬曆十六、十七年）之間，道瑾相望，其故可知已。閉糶之禁，它郡率藉為口實，然空所有以飽人腹而坐困以待斃，是自盡之術也。鄉鄰同室之斗，救之寧無分緩急乎？[90]

90　天啟《贛州府志》卷三《輿地誌・土產》。

贛南地方紳士在賴以為生的糧食問題上，自然先要顧及和維護本地利益，對其他地區所指責的「閉糴」頗不以為然。

第三節 ▶ 明代江西經濟作物的種植加工與漁業生產

一　茶、苧、棉等作物的種植與加工

高產雜糧的種植不僅為糧食的輸出創造了條件，也為經濟作物的發展提供了空間。而真正給明代江西地區特別是山區商品經濟帶來活力的，主要就是經濟作物。

江西地區獲利較厚、影響較大的經濟作物，主要有茶葉、苧麻、棉花、藍靛、菸草、甘蔗等。而這些作物的種植或技術上的改進，與人口的流動有密切關係。明前期，江西南部的贛州、南安二府人口稀少，「農力惟早晚二物，雖圃亦少治，其山童，不務種木，而麻麥與桑之類亦稀」[91]。自從閩粵及本省吉安、南昌等府流民來到之後，「各屬山僻州縣，深崖窮谷之中，多有棚民，率以種靛、采耳、伐木、燒炭為生計」。「其人多屬閩、粵等省無籍貧民。」[92]贛西北袁州府也是如此，「昔多曠土，嗣生齒漸繁，……止耕平地。自（萬曆年間）閩廣人至，男婦並耕，

91　袁淳：《風土略論》，乾隆《贛州府志》卷二《物產》。
92　光緒《江西通志》卷四八《風俗》。

高岡峭壁，視土所宜，添麻姜芋之利，日益滋饒。土人效其力作，頗多樹藝」[93]。

茶的種植與加工

明朝廢除了宋元時期的茶葉官局制度，官茶、貢茶、商茶並行，故於各地的茶葉產量已無確切記載。從現有資料看，江西茶業在唐宋時期那樣明顯的領先地位已逐漸消失，但仍不失為主要的產茶及茶葉輸出省。《明史‧食貨志》載當時的主要產茶地：南直隸的常州、廬州、池州、徽州四府，浙江的湖州、嚴州、衢州、紹興四府，江西的南昌、饒州、南康、九江、吉安五府，湖廣的武昌、荊州、長沙、寶慶四府，四川的成都、重慶、嘉定、夔州、瀘州五府[94]。

《明會典》記載了各地歲貢茶芽的數量，從中可見優質茶的分布情況：南直隸 500 斤、浙江 500 斤、江西 450 斤、湖廣 200 斤、福建 2350 斤。江西具體的分配是：南昌府 75 斤、南康府 25 斤、贛州府 11 斤、袁州府 18 斤、臨江府 47 斤、九江府 120 斤、瑞州府 30 斤、建昌府 23 斤、撫州府 24 斤、吉安府 18 斤、廣信府 22 斤、饒州府 27 斤、南安府 10 斤。[95]由此可知，優質茶主要分布在南直、浙江、江西、湖廣、福建，又以福建為最。國內的主要產茶地也正是在這些地區。明政府為壟斷茶利，維持

93　乾隆《袁州府志》卷一二《風俗》。
94　《明史》卷八〇《食貨志四‧茶法》。按：這裡遺漏了一個最大的產區即福建的建寧。
95　萬曆《明會典》卷一一三《禮部‧歲進》。

邊境的茶馬互市貿易，不允許茶葉自由買賣，由政府發放「茶引」。商人需納錢買引，照引買茶，出境發賣，賣畢，赴官繳納原引查驗。山園茶戶不准收茶賣與無引客商。明前期，在應天府、常州宜興縣、杭州府設批驗茶引所，後來楊士奇認為這三個批驗所太少，不方便商人買引與批驗，奏請改在各個產茶府州分別進行。他點出的產茶府州共二十二個，包括南直隸及浙江、江西、湖廣、四川四省；江西是南昌府、饒州府、南康府、九江府、吉安府。[96]楊士奇說這二十二個府州「俱係產茶地方」似應理解為產茶與茶葉集散中心點，因為江西不僅南昌等五處產茶，全國更是不只二十二處，而福建根本未提及。

　　江西著名的茶葉生產區主要有兩個，一是贛東北廣信府的鉛山等縣，所產稱「河紅」，二是贛西北南昌府的修水等縣，所產稱「寧紅」。這兩個茶區的興起大約在明中後期。至遲到嘉靖初年，廣信府六縣都出產茶葉，而以上饒、鉛山、弋陽產者更佳。[97]鉛山縣，自宋代以來即盛產茶葉，明代萬曆間費元祿《清明節》詩云：「走狗鬥雞寒食後，山歌又見採山茶。」《廣信府志》說：「（鉛山）桐木山出者，葉細而味甜，然終不如武夷味清苦而雋永。今建安之茶，多取道鉛山之河口鎮，而鉛實無佳茗，弋陽茶品甚劣，其他邑所產直不過十許文。」[98]「茶，七邑俱產，

96　張萱：《西園聞見錄》，卷七二《兵部二十一・茶法》。
97　嘉靖《廣信府志》卷六《食貨志》。
98　乾隆《廣信府志》卷二《物產》。

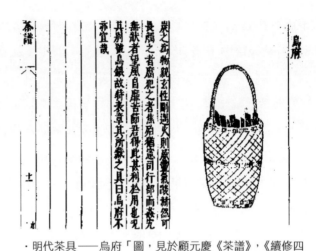

· 明代茶具——烏府「圖，見於顧元慶《茶譜》，《續修四庫全書》本。

然土人多不善制。」[99]可見，以鉛山為中心的茶區是在福建武夷茶的影響下形成的。實際上，這一帶本身就屬武夷山區，不同的是它處於武夷山的北側，福建產茶名區崇安、建安等縣則在武夷山的南側，故在氣候上有一定的差異。鉛山桐木山所產之茶不如「武夷」，原因主要就在這裡。不過其特點在於河口成為福建茶的集散地，因有「河紅」之名。贛西北茶區包括南昌府的義寧州及武寧縣，茶業的興起主要是由於兩大因素的作用，一是棚民的遷入，二是紅茶製作技術的傳入。萬曆《新修南昌府志》記載：「有茶，能清頭目，令人少睡，新建洪崖、白露、鶴嶺，武寧嚴

99 《古今圖書集成·方輿彙編·職方典》卷八五六《廣信府·物產考》。

陽，寧州雙井者佳。」[100]

除了上述茶區之外，江西的其他地區也有大量生產茶葉的記載。建昌府位於武夷山西側，也是武夷茶的生產地。本地茶香味不佳，明中後期「新城得閩種，曰白毛茶，差可耳」[101]。南豐縣民「自耕種外，惟向閩山採茶」[102]；「山多產茶，香味略減於閩，必運入閩茶聚處售之」[103]。南城、瀘溪縣民亦多往「閩山摘茶」[104]，撫州府是商品經濟發達的地區，一直有種植茶葉的歷史，東鄉縣更「以茶為利，東北皆產之，而潤陂獨多，黃石獨佳。肩販者攜赴他處，加選制，往往得善價」[105]。袁州府宋代已有茶葉作為貢品，嘉靖《袁州府志》引前志載：「茶譜云袁界橋，其名甚著，今惟稱仰山、稠平、木平者為佳，稠平尤號絕品。」[106]所屬萬載縣「茶用大葉，皆崇鄉及宜春產。崇鄉味較佳。……大橋、改江等處多有茶葉，香味亦佳」[107]。瑞州府各縣「清明採摘（茶葉），山中處處有之」[108]。九江府「五邑俱產（茶），惟廬山者味香可啜」[109]。《江州竹枝詞》之七詠廬山雲

---

100 萬曆《新修南昌府志》卷三《輿地類・土產》。
101 正德《建昌府志》卷三《物產》。
102 魯琪光：《南豐風俗物產志》，《小方壺齋輿地叢鈔》第六帙。
103 同治《南豐縣誌》卷九《物產》。
104 《古今圖書集成・職方典》卷八八二《建昌府・物產考》。
105 同治《東鄉縣誌》卷八《土產》。
106 嘉靖《袁州府志》卷五《物產》。
107 民國《萬載縣誌》卷一之三《風俗》。
108 《古今圖書集成・方輿彙編・職方典》卷九〇九《瑞州府・物產考》。
109 嘉靖《九江府志》卷四《物產》。

霧茶：「匡廬山上採茶歸，雲霧迷空盡濕衣，學得北源新焙法，江南嫩甲雨前肥。」南康府各縣之茶，以「出雲居山者佳」[110]。贛州府屬各縣，「山阜園地皆產，惟山高而土黃，得清虛之氣多者為貴。贛之儲茶，出自儲山，曰大園儲茶，香味最佳，昔嘗入貢，所產無多，人不易致。各鄉亦有藝茶為業者」[111]。但這些地區所產茶葉，主要供本地居民消費，其剩餘產品才進入市場，而不像鉛山、浮梁、義寧州茶區那樣，不僅形成規模的商品茶生產，而且有較大的市場占有份額。

苧麻的種植與加工

麻本來也是全國各地都有的物產，且品種多樣。如江西，就有火麻（亦名大麻，分枲麻、苴麻兩種）、苘麻（亦名白麻、青麻）、黃麻、絡麻、糙麻等，都可以用來紡繩、織布，但質地粗糙，基本上都是滿足當地農民自身的需要，而缺乏市場意義。真正給江西帶來經濟效益的，是苧麻及其織品夏布。

早在春秋時期，江西就已種植苧麻；到唐代，萬載的夏布被列為貢品；北宋時，虔、袁、筠三州及南安軍均有夏布上貢的定額。明孝宗弘治十五年和神宗萬曆六年的夏稅中，夏布徵收額為一三四一匹，皆在江西。可見江西夏布在當時頗著盛名。[112]而使江西的苧麻及夏布生產在明代達到鼎盛，與高產雜糧的種植一

---

110 康熙《南康府志》卷一《物產》。
111 同治《贛縣誌》卷九《物產》。
112 萬曆《明會典》卷二五《戶部》。

樣，很大程度上是人口流動，特別是吉安、撫州及閩粵流民進入山區帶來的結果。

江西苧麻及夏布的主要生產區有三處：以宜春、萬載為中心的贛西北地區，以石城、寧都為中心的贛南地區，以宜黃、臨川為中心的贛東地區，這些地區大都是閩粵流民，特別是福建流民聚居之處。

康熙中期袁州土著立《驅除棚寇功德碑》，概述了袁州府棚民的來源及數量。碑記：

袁州接壤於南，為吳楚咽喉重地。百年以前，居民因土曠人稀，招入閩省諸不逞之徒，賃山種麻，蔓延至數十餘萬，盤踞深谷，即在太平無事之秋，陰行劫掠，一遇變生，輒為亂首。崇禎壬午，天井盜起，則邱仰寰入據郡城。[113]

康熙中期上溯百年，則是明代中後期。這一時期大量福建移民進入贛西北山區租賃土著的山嶺種麻。康熙《宜春縣誌》亦載：「明嘉靖年間，閩人避倭之亂入贛，於宜春縣北三關九圖之地鑿地種麻。……迨後粵東之人亦至，蔓延至數十萬，……結棚而住。」[114]早在明代嘉靖年間，福建流民便在贛西北種植苧麻，而且質量甚優。隨之而來的是廣東流民。所謂「蔓延至數十

113 同治《袁州府志》卷五《武備・武事》。
114 康熙《宜春縣誌》卷一二《風俗》。

萬」，應該也包括江西本省撫州等地的流民，他們被稱為「麻棚」。《萬載縣誌》載：「萬邑棚籍一項，其始原係閩、廣等處失業窮民，荷鋤而來，墾山種麻，搭棚棲止，深山之中，或數家為一處，或數十家為一處。」[115]又載，明末清初，「閩人、（本省撫州）樂安人相率開山，插藍種苧」[116]。可見明後期的袁州屬縣，苧麻生產已進入高潮。

《江西之特產》對著名的「袁州麻」的一般情況作了如下介紹：

宜春在袁水中樞，舊屬袁州府，所以宜春麻便以袁州麻著稱。麻因收割季節關係，普通只分頭麻、二麻、三麻，但俗稱都是春麻、月麻、嫩麻。同時因為品質不同，須分別花色，普通分有頭麻、提麻、三茶、腳花（或腳貨）、白麻、線麻、麻把等。……麻的好壞，通常決定在纖維的長短，通常的長度是在二十四吋至四十吋以上。四十吋以上的麻，又分為上中下三等。三十吋以下的麻，就被稱為腳貨。二十吋至三十吋的麻，叫做粗麻。[117]

同屬「袁州麻」的自然也包括萬載麻、分宜麻[118]，著名的萬

---

115 民國《萬載縣誌》卷一之三《風俗》。
116 雍正《萬載縣誌》卷三《風俗》。
117 《江西之特產・袁州苧麻》，民國三十八年四月版。
118 道光《分宜縣誌》載：「邑北山地多種苧，其產甚廣，每年三收，五

載夏布，便是以這三縣所產苧麻為原料。

　　鄰近福建的寧都、石城、瑞金、興國等地，早已是福建移民的樂土，「粵閩流寓種藍栽苧，亦多獲利」[119]。風俗所至，「不論貧富，無不緝麻之婦女」[120]。同樣鄰近福建的上饒、鉛山、玉山等地，康熙以前便「多流民居山谷中，藝麻為業」，而以「上饒居多」，他們大多來自「閩建」即福建建寧等地[121]。撫州一帶的苧麻種植，其種來自兩個渠道：或從福建各屬及本省石城、寧都、萬載、宜春等處購買苧麻兜，隨買隨種，或由本地培植，夏至前分栽。每年四月、六月、九月三次剝取，每畝可栽一千五百株左右，每季可剝麻百斤[122]。處於江西政治中心、以傳統稻作農業為主的南昌等地，苧麻的種植比上述地區要晚得多。

　　苧麻可用以織繩乃至食用[123]，但主要還是緝麻織布，即製作苧布，亦稱夏布。江西和湖南苧麻的廣泛種植，為苧布或夏布的製作提供充足的原料，從另一方面說，也正是夏布業的發展對苧麻需求的擴大，才促進了苧麻的種植及其品質的改善。一般來說，凡是苧麻種植的地區，都有夏布生產，但由於技術的高低和

月後，苧商雲集各墟市，桑林一墟尤甚。」
119　康熙《興國縣誌》卷一《物產》。
120　道光《寧都直隸州志》卷一二《土產》。
121　光緒《江西通志》卷四九《物產》、道光《玉山縣誌》卷一二《土產》。
122　宣統二年《江西物產總會說明書》（臨川縣）。
123　同治《南昌府志》卷八《土產》：「苧，莖可布可繩，葉可和米以作食。「道光《萬載縣誌》卷一二《土產》：」取苧根和米粉為餅，可禦饑。」

市場的大小，產量和質量便有極大的差距。

　　經過長期的技術積累和市場整合，在境內相應形成了以寧都直隸州為中心的贛南、以萬載為中心的贛西北等夏布生產和銷售區域。

　　贛南區以寧都、石城為中心，這裡的農家婦女「無蠶桑之職，惟事績紵」[124]，皆以苧麻製作夏布，而寧都所制者尤佳。《寧都直隸州志》載：「州俗無不緝麻之家，緝成名為績。敏者一日可得績三四兩，鈍者亦可得一兩以上。四五兩織成一丈布為最細，次而六七兩，次而八九兩者，粗矣。」而且形成了專業墟市，「夏布墟則安福鄉之會同集、仁義鄉之固厚集、懷德鄉之璜溪集，在城則軍山集。」[125]《石城縣誌》則說：「寧都、石城以苧麻為夏布。寧都制者尤佳。石布雖不及寧（都）細密，近數十年來，城鄉編織，歲出數十萬疋。……外貿遍吳越亳州間，子母相權，女紅之利普矣。」[126]可見這裡是一個具有相當規模的夏布生產和銷售中心。贛南的其他地區，也多種麻織布。龍南縣婦女「多織綿苧為布，貧戶恆取其息，以自給養」[127]。南康縣橫石井「專織苧，所產夏布績織倍於他方」[128]。會昌、雩都、定南、安遠、信豐、瑞金等縣，也都有關於種麻織布的記載。

---

124 乾隆《石城縣誌》卷一《物產》。
125 道光《寧都直隸州志》卷一二《土產》。
126 乾隆《石城縣誌》卷一《物產》。
127 道光《龍南縣誌》卷二《風俗》。
128 同治《南康縣誌》卷一《風俗》。

贛西北為明末清代江西境內最著名的夏布出產和銷售區，量大而質優。萬載夏布為萬載、宜春兩縣夏布之統稱。萬載產麻不多，夏布原料多從宜春輸入；宜春產麻甚豐，且質地優良，但織布之法不及萬載，故宜春夏布多在萬載製造。萬載夏布是以上文所說的袁州苧麻為原料，有充足而優質的原料供應，同時，也有較為先進的製作技術。

　　以上產區之外，廣信府所屬上饒、鉛山、玉山、貴溪等縣，南昌府所屬武寧、進賢等縣，饒州府所屬鄱陽、餘干、萬年等縣，九江府所屬德化、瑞昌等縣，也都有大量緝麻織布的記載（參見表 3-5）。明代江西在夏稅中交納的苧布為一三四一匹，秋稅交納到北京、南京的苧布折米合計八點四萬石，折合苧布十二萬匹，分別由袁州四縣、廣信府上饒、玉山、永豐、鉛山、弋陽及饒州府萬年等縣承擔。苧布的徵收與苧麻、苧布的產地相適應。

棉花的種植與加工

　　元朝以後，棉花種植在江西更為廣泛，棉布的產量相應增多。明初曾以政府干預的方式推廣棉花的種植，故棉花種植遍及江西各地，但基本上屬男耕女織式的自給生產，不具備商品的意義。而且，任何一種作物都有其特殊的環境要求。如茶葉，需要一定的海拔高度、適當的雨量、適宜的氣溫等，棉花亦然。如康熙《瑞金縣誌》即認為該處不宜種棉：「瑞金舊無棉花，皆買諸商賈。隆慶三年，知縣呂若愚募人買花於鄰郡，教鄉民種之。但

土性不相宜，雖種不生，今亡。」[129]《安福縣誌》根據本縣的種植情況，得出這樣的認識：「福邑木棉，惟大河兩岸居多，岡阜處亦間有之。其種植也，地宜沙土相兼，宜肥瘦得宜，地太高燥不生，太卑濕亦不生，太肥則脆而易萎，太瘦則矮而不盛。河地有沙有土，不燥不濕，糞之適宜，得利甚多，較之岡阜，不啻十倍。」[130]經過實踐，江西的北部、中部地區形成了一定的棉花種植規模，並投向市場。大致上說，苧麻與棉花各擅勝場，苧麻多者棉花少，棉花多者則苧麻少，這也是氣候水土使然。

地處贛北的九江府，是江西的產棉中心。嘉靖《九江府志》說，由於「以木棉價值，收成勝於他產」，所以本府所屬五縣，縣縣種棉。府治所在地德化縣「封郭、桑落二洲者核小而絨多」[131]，質量上乘。德化棉以質量著稱，彭澤棉則以數量聞名。該縣棉田廣闊，收穫時節，「木棉如雪滿江鄉」，「木棉可抵稻黍之半」。九江府所產棉花，部分供本地紡織之用，如德安的棉布，「薲曰土布，細曰腰機」；湖口的棉布，「中鄉出者密厚，下鄉出者白淨而輕」[132]。而大量的棉花，則是銷往蘇、松等棉紡發達地區。

九江之外，南康、饒州、南昌、臨江、撫州、吉安等府，也

---

129 康熙《瑞金縣誌》卷四《物產》。光緒《瑞金縣誌》卷二《物產》對此事也有感嘆：「夫瑞邑既無蠶桑之利，又不獲紡織之助，民間婦女皆坐而仰食於其夫，家道安得而不替乎。」
130 道光《安福縣誌》卷一《物產》。
131 嘉靖《九江府志》卷四《食貨志》。
132 同治《九江府志》卷九《物產》。

· 彈棉和趕棉圖，《天工開物》卷上《乃服》插圖

有一定規模的棉花和棉布生產。據嘉靖《江西通志》卷三二載，南康府的「物產」中有棉花。饒州府：「帛類，布、棉、麻苧數色，各縣出。貨類，棉花。」[133]撫州府：「木棉布，紡木棉花為之，聚萬石塘，出東鄉。」[134]弋陽縣：「棉布，粗者名蠻布，稍細者名腰機。」[135]吉安府安福縣「地少蠶桑，多種棉花，出東南者絨更厚」[136]。府治所在地廬陵縣民的「資生常貨，用廣而利厚者，無過藍青白布，歲數百萬金，有專治粵莊者。大率北門人所織，因稱其布曰『北門』，女紅恃以為生。或昧爽就機，及暮即成。其積勤如此，故又謂之雞鳴布」[137]。但畢竟「所產不甚

133 正德《饒州府志》卷八《物產》。
134 嘉靖《撫州府志》卷八《物產》。
135 萬曆《戈陽縣誌》卷六《物產》。
136 同治《安福縣誌》卷四《物產》。
137 民國《廬陵縣誌》卷四《物產》。

廣」，難以形成像九江那樣的商品生產規模。

正德《明會典》卷二四載弘治十五年各省「起運數目」，即各地對中央的輸送物資數額，其中江西絲絹折絹 8029 匹，農桑絲折絹 3486 匹，闊白苧布 50000 匹，准米 350000 石。據正德《明會典》、嘉靖《江西通志》、章潢《圖書編》及《江西賦役全書》、《名臣經濟錄》等文獻，將洪武、弘治、嘉靖、萬曆各時期江西兩稅中的絲、麻、棉及其織物情況列舉如下：

洪武二十六年絹 15477 匹。

弘治十五年絲 8203 斤，絹 11516 匹，苧布 1341 匹。

嘉靖初農桑絲 4264 斤，折絹 3411 匹。

萬曆六年夏稅絲綿折絹 8025 匹，農桑絲折絹 3486 匹，本色絲 8209 匹，苧布 1341 匹。

萬曆三十九年京庫絲綿折絹 7919 匹，京庫農桑折絹 884 匹，南京庫苧布 1328 匹，存留本司（布政使司）庫荒絲 6747 斤，皆折銀。

依據目前所見的明代史料，同時參考王曾瑜《中國古代的絲麻棉續編》（載《文史》2006 年第 3 輯，總第 76 輯），製成表 3-5，以期對當時江西的絲、棉、麻及其織物的生產情況有個大致的瞭解。雖然無法得知明代江西棉、麻及其織物產量的確切數字，但從棉、麻等物產在各府縣的廣泛分布及其在兩稅中的數量來看，總產量是很高的。

· 表 3-5 明代江西絲、棉、麻及其織物的產地與稅額

府州縣	年代	物產	兩稅、土貢	資料來源
南昌府	嘉靖	葛布	農桑絲 422 斤，折絹 337 匹。	嘉靖《江西通志》卷四
	萬曆	苧、麻、火麻、木綿、綿布、綿紬	農桑絲 612 斤，折絹 490 匹。	萬曆《南昌府志》卷七
	萬曆三十九年		農桑絹 49 匹，南京棉布折色米，該布 8933 匹，帶派農桑絲 440 匹，皆折銀。	《江西賦役全書·南昌府總》
寧州	嘉靖	棉布、葛布、絹、紬、絲、苧布	農桑歲徵絲 66 斤	嘉靖《寧州志》卷六、卷一三
豐城縣	沉靖	苧布、棉布、葛布、絲紬	夏稅京庫農桑折絹 196 匹，秋糧南京庫棉布米 4548 石。	嘉靖《豐乘》卷四
武寧縣	嘉靖	葛、苧、布、絹、棉花	南京棉布米 1194 石。雜賦農桑科四60 斤，折織絹 48 匹。	嘉靖《武寧縣誌》卷一、

府州縣	年代	物產	兩稅、土貢	資料來源
建昌府	正德七年		農桑絲折絹 196 匹	萬曆《建昌府志》卷四
	嘉靖	葛布、土段、金絲布、絹	農桑絲 246 斤，折絹 196 匹	嘉靖《江西通志》卷一六
	萬曆	紬、絹、苧布、葛布、土段（若北方土綾）、綿布		萬曆《建昌府志》卷三
新城縣	正德	苧布、棉布、絲（桑葉薄，織絹帛，皆資吳、杭）、綿、紬	農桑科絲 11 斤，折絹 9 匹（非土產）	正德《新城縣誌》卷三、卷四
臨江府	隆慶	蠶、棉花、木棉布、苧布	桑絲 73 斤，折絹 59 匹，徵銀。	隆慶《臨江府志》
	嘉靖	苧布、葛布	農桑絲 73 斤，折絹 59 匹	嘉靖《江西通志》卷二二
	萬曆三十九年		南京棉布析米，該布 7013 匹，帶徵農桑絲絹 59 匹，皆折銀。	《江西賦役全書・臨江府總》

府州縣	年代	物產	兩稅、土貢	資料來源
清江縣	崇禎	惟南京本色綿布獨為土物，蓋居人種花，半貿半織。麻、苧、土葛，亦間有之。惟無紬絹。	生絲 9 斤，折絹 7 匹，又分本色、折色。	清江縣崇禎崇禎《清江縣誌》卷三
九江府	嘉靖	葛、苧布、葛布、綿布、絲、棉、苧麻、白麻、檾麻	農桑絲 489 斤，折絹 385 匹	嘉靖《江西通志》卷一四，嘉靖《九江府志》卷四
	萬曆二十九年		起運農桑絹 389 匹，折銀	《江西賦役全書·九江府總》
瑞昌縣	隆慶	絲、苧、木綿、葛	農桑絲 75 斤	隆慶《瑞昌縣誌》卷一、卷三
饒州府	嘉靖		農桑絲 251 斤，折絹 200 匹。	嘉靖《江西通志》卷八
饒州府	正德	桑、拓、蠶、綿花、火麻、苧麻	官民田農桑科絲 251 斤，織造絹 200 匹。	正德《饒州府志》卷一

府州縣	年代	物產	兩稅、土貢	資料來源
饒州府	萬曆三十九年		農桑絹 103 匹，南京綿布折色米，該布 8347 匹，京庫絲綿折絹 106 匹，農桑折絹 95 匹，帶派南京苧布 1297 匹，皆折銀。	《江西賦役全書‧饒州府總》
廣信府	嘉靖	絲、綿、苧布、綿布、兼絲（以絲雜苧）、北布（以木綿雜苧）、葛布、叢絲紬、綿紬、假紬（以綿絲雜木綿線）、紬、絹、隔織（紋眼紗）、鵝眼綾	絲綿 18002 斤，布 1320 匹，農桑絲 190 斤，折絹 152 匹。	嘉靖《江西通志》卷一〇，嘉靖《廣信府志志》卷五卷六
廣信府	萬曆三十九年		起運京庫絲綿折絹 7919 匹，農桑絹 152 匹，南京庫苧布 1328 匹，存留本庫荒絲 8104 斤，南京棉布米，該布 5507 匹，皆折銀。	《江西賦役全書‧廣信府總》

府州縣	年代	物產	兩稅、土貢	資料來源
鉛山縣	嘉靖	紬、絹、苧布、鵝眼綾、綿布、腰機、兼絲、紡紗紬、假紬、棕布、絲紬	夏稅絲 995 斤，綿 222 斤，布 251 匹。	嘉靖《鉛山三縣誌》卷二卷四
永豐縣	嘉靖	叢絲、綿紬、假紬（以絲雜木綿線成者）	農桑絲 5 斤，苧布 139 匹。	嘉靖《永豐縣誌》卷三
撫州府	弘治	桑、拓	臨川縣絲 31 斤，歲織絹 24 匹。崇仁縣絲 3 斤，歲織絹 2 丈。宜黃縣絲 31 斤。金溪縣絲 25 斤，歲織絹 20 匹。樂安縣絲 14 斤，歲織絹 11 匹。	弘治《撫州府志》卷一二
	嘉靖初	葛	農桑絲 115 斤，折絹 92 匹。	嘉靖《江西通志》卷一八
東鄉縣	嘉靖	紬（俗不治蠶，然閒民亦有市繭抽絲，以織細者）、棉布、夏布、苧麻、棉花	農桑春絲 10 斤。	嘉靖《東鄉縣誌》卷上

府州縣	年代	物產	兩稅、土貢	資料來源
瑞州府	正德	桑、拓、苧麻、苧布、棉花、棉布、葛皮、葛布	絲 351 斤，折造絹 281 匹。	正德《瑞州府志》卷三
瑞州府	嘉靖初		農桑絲 351 斤，折絹 281 匹。	嘉靖《江西通志》卷三〇
	萬曆三十九年		南京棉布折色米，該布 9111 匹，帶徵農桑絹 281 匹，皆折銀。	《江西賦役全書‧瑞州府總》
袁州府	弘治、正德間	棉布、苧布、葛布、絹、紬、土綾	桑絲 519 斤，折絹 415 匹。	嘉靖《江西通志》卷二二，正德《袁州府志》卷二，嘉靖《袁州府志》卷五
	嘉靖	多棉布，有苧布、葛布、絹、紬、土綾	農桑絲 519 斤，折絹 410 匹。	
	萬曆三十九年		農桑絹 318 匹，京庫苧布米，該布 50000 匹，南京棉布折色米，該布 12805 匹，南京苧布米，該布 61399 匹，帶徵農桑折絹 97 匹，皆折銀。	《江西賦役全書‧袁州府總》

府州縣	年代	物產	兩稅、土貢	資料來源
吉安府	弘治十五年		農桑絲 1085 斤，織造成淨絹 872 匹。	嘉靖《吉安府志》卷五
	嘉靖初	葛布、棉布、苧布	農桑絲 1085 斤，折絹 872 匹。	嘉靖《江西通志》卷二四
	萬曆三十九年		農桑絹 221 匹，外農桑絹 115 匹，南京綿布折色米，該布 10890 匹，農桑絹 537 匹，南京庫苧布米，該布 3899 匹，舊依派剩折解苧布米，該布 1473 匹，皆折銀。	《江西賦役全書·吉安府總》
贛州府	嘉靖	葛布、苧布、苧、麻、絲紬、麻布	農桑絲 172 斤，折絹 137 匹。	嘉靖《江西通志》卷三四、嘉靖《贛州府志》卷四

府州縣	年代	物產	兩稅、土貢	資料來源
贛州府	萬曆三十九年		起運農桑絹 23 匹，南京庫棉布米，該布 4174 匹，帶派農桑絹 117 匹，皆折銀。	《江西賦役全書‧贛州府總》
	萬曆末至天啟	葛、苧間一為之，其精者猶當中品。	農桑絲 155 斤。	天啟《贛州府志》卷三、卷七
瑞金縣	嘉靖	葛布、苧布、土綢	農桑絲 19 斤。	嘉靖《瑞金縣誌》卷一
南康府	正德、嘉靖	桑、柘、葛布、綿花、苧麻	農桑絲 170 斤，折絹 136 匹。	正德《南康府志》卷五，嘉靖《江西通志》卷一二
南安府	嘉靖、萬曆	絹、焦布、苧布、葛布、綿布	夏稅桑絲 75 斤，折絹 60 匹	嘉靖《江西通志》卷三六，嘉靖《南安府志》卷二〇，萬曆《南安府志》卷一三
南康縣	嘉靖	絹、綢、苧布、葛布	夏稅桑絲 75 斤，折絹 60 匹	嘉靖《南康府志》卷二

二 靛、煙等作物的種植與加工

藍靛的種植與加工

　　藍靛是藍草的加工物。藍草為可染色植物，經過加工泡製後，成為可用作染布的「淀」，即水性顏料。由於這種顏料多為青色，於是名為「靛」，或稱藍靛。隨著棉、麻紡織業的發展，對染料的需求也迅速增加，以往並未引起人們太多重視的藍草，遂成為許多地區重要的經濟作物，種藍製靛也成為這些地區農戶的重要生計來源。

　　江西本地也有藍草資源，但新的優良品種及種植方法，卻來自福建及廣東。這不能不說又是人口流動的作用。弘治《泰和縣誌》記載：「本縣土產藍草，長尺四、五寸，故其為靛，色雖淡而價甚高。由於土人少種故也。成化末，有自福汀販買藍子至者，於是洲居之民，皆得而種之，不數年，藍靛之出與汀州無異，商販亦皆集焉。」[138]是成化末福建汀州的良種引進之前，江西也有藍草，但品種不佳、產量又少，所以「色雖淡而價甚高」。國內最大棉織業中心松江一帶的藍靛，也是由福建引進。成化時江西泰和所種福靛，尚屬引進品種。稍後，建昌府也引進了福建藍靛品種，但所種植的效果則不如泰和。正德《建昌府誌》卷三《物產》記載「藍靛」時說：「近自汀得種種之，然終不似汀之宜染也。」明末宋應星《天工開物》亦載：「近來出產，

閩人種山皆茶藍，其數倍於諸藍。」[139]福建、廣東流民進入江西山區之後，則連人力帶技術轉入江西。《明史・張翀傳》載：

隆慶二年春，（張翀）以右僉都御史巡撫南、贛。所部萬羊山跨湖廣、福建、廣東境，故盜藪。四方商民種藍其間。至是，盜出劫，翀遣守備董龍剿之。龍聲言搜山，諸藍戶大恐。盜因煽之，嘯聚千餘人。兵部令二鎮撫臣協議撫剿之宜，久乃定。南雄劇盜黃朝祖流劫諸縣，轉掠湖廣，勢甚熾。翀討擒之。[140]

萬羊山在今羅霄山脈中段，地連江西吉安府龍泉縣（今遂川）、南安府上猶縣，以及湖南衡州府酃縣、郴州桂東縣，周圍千里荒無人煙。明朝正統、成化間，江西吉安等府及福建、廣東二省流民陸續來到這裡，砍山燒炭、墾荒種地。其中不少「種藍其間」，成了「藍戶」。《明穆宗實錄》載：「江西萬洋山跨連湖廣、福建、廣東之地，舊稱盜藪，而各省商民亦常流聚其間，皆以種藍為業。」[141]正德以前，萬洋山區正是農民軍山寨眾多的所在，因此被稱作「盜藪」，大概是官軍搗毀山寨、鎮壓了農民起義之後，又有「各省商民」進入其間，以種藍靛為業。而「南雄劇盜」黃朝祖在此流劫，說明這裡的藍戶有來自廣東者。明周用

139　宋應星：《天工開物》，卷上《彰施》。
140　《明史》卷二一〇《張翀傳》。
141　《明穆宗實錄》卷二六，隆慶二年十一月乙卯。

《乞專官分守地方疏》云：

　　南贛地方，田地山場坐落開曠，禾稻竹木生殖頗蕃。利之所在，人所共趨，吉安等府各縣人民，年常前來謀求生理，結黨成群，日新月盛，其搬運谷石，砍伐竹木，及種靛栽杉，燒炭鋸板等項，所在有之。**142**

　　在南贛，吉安等府縣人民也多「種靛栽杉」。至明後期，贛南的藍靛向外地輸出，如天啟《贛州府志》卷三《輿地誌·土產》記載，西北商人每年前來贛州府收購城郊農民種植加工的藍靛，而且交易相當可觀：「（贛州）城南人種藍作靛，西北大賈歲一至，汛舟而下，州人頗食其利。」

　　在江西，哪裡有夏布或棉布生產，哪裡就有藍靛的種植。贛南無疑是江西藍靛生產的主要地區，興國、寧都、安遠、龍南、贛縣等地都有大量種植藍靛的記載，而「贛邑尤多」**143**。贛西北藍靛的生產與福建移民有密切連繫。天井塢在萬載縣北，與銅鼓營抵界，「環塢數十里皆山，天啟末年福建栽杉種藍客萃焉，附近苦加畝畏刑比者多棄產赴其處，塢遂稱逋逃藪。前此米價最賤，及是價日長，閩客邱仰寰素雄其黨，見群不逞之徒蟻附，漸

---

142 周用：《乞專官分守地方疏》，《西江志》卷一四六《藝文》。
143 民國《贛縣誌》卷九《物產》。

萌異志」。[144]《清史稿‧裴率度傳》則說，在明末清初的幾十年間，「福建、廣東流民入江西，就山結棚以居，藝藍靛葉、菸草，謂之『棚民』，往往出為盜。萬載溫上貴、寧州劉允公等，皆以棚民為亂」[145]。這是福建、廣東棚民在江西西北山區種植藍靛和菸草的記載。

菸草的種植和加工

菸草又稱蔫、菸，是明代後期從日本、菲律賓傳入中國的重要經濟作物。全祖望《淡巴菰賦‧序》云：「今淡巴菰之行遍天下，而莫能考其自出。以其興之勃也，則亦無故實可稽。姚旅以為來自呂宋。按淡巴者，原屬呂宋旁近小國名。王圻言其明初曾入貢，有城郭宮室市易，君臣有禮。但淡巴之種入上國，其始事者莫知為誰。黎士宏曰：始於日本，傳於漳州之石馬。然亦不能得其詳。」[146]清人曹斯棟《稗販》說：「菸草，萬曆間始自日本，傳於漳州之石馬，細切如縷，灼以管而吸之。呂宋人食法用紙捲如筆管狀，名『幾世留』，然火吸而食之。……明熹廟時童謠云『天下兵起，遍地皆煙』。未幾閩人有此種，名曰『煙酒』。崇禎朝懸為厲禁，而貪墨吏借此名以破人家者不少。」[147]明末清初時所修《漳州府志》說：「菸草種出東洋，近多蒔之者。」[148]同治

---

144 黃鼎彝：《敖陽三事始末》，道光八年（1828 年）刻本。

145 《清史稿》卷二九二《裴率度傳》。

146 全祖望：《鮚崎亭集》卷八《淡巴菰賦‧序》。

147 曹斯棟：《稗販》，卷八。

148 《古今圖書集成‧方輿彙編‧職方典》卷一一〇四《漳州府物產考》。

《安遠縣誌》說：「王阮亭（士禎）云：姚旅《露書》，菸草，呂宋本名淡巴菰是也。張尚瑗（介賓）則謂種出自日本，明天、崇間，始入中國，初傳於漳浦，稱石馬名煙。傳於建寧，稱金絲建煙。」[149]關於菸草的傳入問題，學者多有論及者。從上述記載，大致可以認為，菸草原產於呂宋，萬曆時由日本商人或沿海福建商人帶入，始種於福建漳州的石馬及建寧，並從這裡迅速擴散到整個福建及全國各地[150]。同治《祁陽縣誌》對「煙」的名稱作解釋：「明啟、禎時始有此，種山埠間，摘其葉曬乾，切為絲，以管然之，吸入口中吐出煙起，故謂之煙。」[151]

江西種植菸草，始於明末天啟、崇禎時。境內與福建相鄰的贛州府屬石城、瑞金二縣，廣信府屬廣豐、玉山二縣，建昌府新城、廣昌二縣，是福建流民較早落腳的地方，也是省內最早和大面積種植菸草之處。乾隆《石城縣誌》引康熙初年的說法：「菸草，明末自海外流傳閩漳，故漳煙名最遠播。石與閩接壤，三十年來始得其種併製作法，以黃絲為上品。」[152]石城開始種植菸草，始於明清易代的崇禎、順治之際。而至清中期，這裡所產之

149 同治《安遠縣誌》卷一《物產》。
150 江西、湖北、湖南等南方省份自不必言，即山西，光緒續修《曲沃縣誌》也引舊志記載說：「煙，舊無此種。鄉民張時英自閩中攜種植之。明季，兵燹薦踵至，民窮則盡，賴此頗有起色。今則邑民大食其利矣。」是山西許多地方的煙種也由福建傳來。
151 同治《祁陽縣誌》卷八《物產》。
152 乾隆《石城縣誌》卷一《物產》。

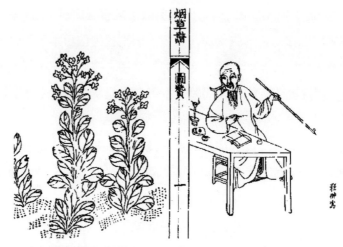

· 清代陳琮所著《菸草譜》書影，《續修四庫全書》本。

煙便「不讓閩漳也」[153]。但石城所產煙又不如瑞金之多[154]。康熙《瑞金縣誌》說：「自閩人流於瑞，以蒔煙為生。」在福建流民的影響下，土著居民也多改稻田為煙田，致使「膏腴之畝，半為煙土，半為稻場」[155]。

廣豐、玉山是江西的又一菸草產區，且形成廣豐種煙、玉山製煙的格局。《玉山縣誌》說：「淡巴菰之名，著於永豐，其製之精妙，則色香味莫與玉比。日傭數千人以治其事，而聲價馳大

---

153 乾隆《石城縣誌》卷一《物產》。

154 道光《寧都直隸州志》卷一二《土產》說：「煙，種出日本，明季天、崇間始入內地，今遂無地不種。州治及石城所出尚不如瑞金之多。」

155 康熙《瑞金縣誌》卷四《物產》。

江南北。」¹⁵⁶「閩人之來玉者，率業此以起其家。」¹⁵⁷建昌府新城縣是江西中部入閩的必經之地，也是贛糧入閩、閩鹽入贛的主要通道，因此，商業繁榮。受經濟利益的驅使，遍種菸草。其他重要的產煙區還有：整個贛州府，因「與閩接壤，故種者亦多」¹⁵⁸。「屬邑遍植之，甚者改良田為煙畬，致辭妨谷收，以獲厚利。」¹⁵⁹雩都縣「菸草……啟、禎間自閩入，今到處有之。」¹⁶⁰信豐縣後來居上，興國縣也「煙甚廣，以縣北五里亭所產為最。秋後，吉郡商販踵至，利視稼圃反厚」。¹⁶¹

福建作為菸草在明後期傳入的最早和最主要地區，當無疑問，是當地海商與日本商人互貿的結果。雖然幾乎所有關於江西菸草種植的記載，都說本地的煙來自福建，但菸草在各地的種植則未必全由「閩人」。正如全祖望所說，「以其興之勃也，則亦無故實可稽」。利潤的巨大使得菸草的傳播極其迅猛，以至人們無法真正考究出其傳播的過程。

高產雜糧，棉、麻及其織品為民生的衣食之源，靛為染織需要，茶是傳統飲料，且由於特殊的生長條件，一般不必侵占良田。對於這些品種的引進和開發、種植，社會輿論普遍持讚揚態度。惟獨對於煙，則屢屢引發爭議。

---

156 道光《玉山縣誌》卷一二《土產》。
157 同治《玉山縣誌》卷一《物產》。
158 民國《贛縣誌》卷九《物產》。
159 乾隆《贛州府志》卷二《物產》。
160 同治《雩都縣誌》卷五《土產》。
161 同治《興國縣誌》卷一二《土產》。

禁煙之議，明末已有，但禁而不止。王逋《蚓庵瑣語》說：

煙葉出自閩中，邊上人寒疾，非此不治。關外人至，以匹馬易煙一斤。崇禎癸未（即崇禎十六年），下禁煙之令：民間私種者問徒。法輕利重，民不奉詔。尋令犯者斬。然不久因邊軍病寒無治，遂停是禁。予兒時尚不識煙為何物。崇禎末，我地遍處栽種，雖二尺童子莫不食煙，風俗頓改。

王逋沒有說明明末禁煙的理由，卻道出弛禁的原因：一是吸菸可禦寒，二是由於吸食者屢禁不止，導致種煙有巨大的利潤。江西、湖廣地區作為國內最大的商品糧生產地，由於國家的糧食調配政策和對價格的限制，農民從中得到的利潤十分有限。湖北的棉花及棉布、江西的苧麻及夏布、湖南的茶葉等，固然也是十分重要的經濟作物，且給本地及農戶帶來十分可觀的經濟效益，但比起種煙，卻又頗有不足。乾隆《安遠縣誌》記載：「田一百把，除牛稅谷及所賺之外，納租十二桶。種煙，每百把，可栽一千本，摘曬可三百斤。價錢每百斤四千文，價貴六千文不等。新稻出，每桶三四百文不等。將（煙）一百斤以還租，仍獲二百斤之利。」按，當地所謂「把」，本為稻草的單位，但又作為田畝的計算單位，每百把約當三至四畝，茲以三畝計。桶則是量器單位，每兩桶約合一石。是每田三畝，納租十二桶或六石，約合錢四五千文。當時當地每畝田平均產谷約三石，三畝即百把，產谷九至十石即二十桶，約合錢七千文左右。這樣，租田三畝，如種稻，除了交租，連同成本在內，剩餘三四千文；如種煙，收成有

三百斤，用一百斤或四千至六千文交租，連同成本，尚餘二百斤或八千至一萬二千文。是種煙的收入，為種稻的 3 倍。清代中期安遠縣這個比較數據，實際上乃是明清時期贛南以至整個江西地區種稻與種煙收入的大致情形。

菸草傳入中國後，所以能夠迅速傳播和大量種植，正是由於需求旺盛、獲利豐厚的刺激。有旺盛的市場需求，有高額利潤或為民眾主要生計的作物，是不可能禁止得了的。除非有新的高額利潤的商品去取代它，或者人們真正認識到它的危害而唾棄它。

茶葉、菸草、苧麻及其製品夏布、棉花及其製品棉布，以及染織業所需的藍靛等之外，明代江西的重要經濟作物，還有甘蔗、薄荷、蓮子、百合、蘭草、燈芯等，以及經濟林木油茶、油桐、柑橘、漆、杉、松等。

· 軋荒取漿圖，《天工開物》卷上《甘嗜》插圖。

·南方梓及制油圖,《天工開物》卷中《音液》插圖。

　　甘蔗是一種獲利較大的經濟作物,本產廣東,由廣東移民帶來江西。江西的贛南、贛東及贛東北等地種植較為普遍。贛縣、雩都、信豐是產蔗大縣。《齊民要術》中記雩都甘蔗品種好,宋代樂平已出產「蔗糖沙」,權邦彥《樂平道中》云:「稻米流脂姜紫芽,芋魁肥白蔗糖沙。」甘蔗與長生果(花生)是南康的兩大特產,「行遠而利溥」,故南康縣「較他邑為殷富」。江西的漆種也來自福建,所以《贛縣誌》說:「浙、徽、閩、廣皆產,贛所產漆,即閩種也。土人墾荒種之,品居廣漆之上,與浙、徽相垺。」[162]贛西北各縣油茶種植歷史較長,正德《袁州府志‧土產》

162 民國《贛縣誌》卷九《物產》。

即記「茶子樹，冬花，子可作油」。油桐用於榨油，其作用，一是直接施於木器，使其經久耐用；二是用於調漆，調漆必須用桐油。江西、湖南是在明清時期少數幾個能夠提供大量木材而又交通較為便利的省份，故而又是造船大省。造船需要大量桐油，所以這裡的山區也就多種油桐。其他如薄荷在吉安、吉水，蓮子在廣昌、廣豐，柑橘在南豐等地，皆為重要的商品。

三　漁業的生產與管理[163]

漁業生產與貿易

明代江西鄱陽湖地區湖泊眾多，廣袤的鄱陽湖為一狹長形湖泊，依不同的地域又有宮亭、楊瀾、彭蠡之稱，跨九江、南昌、南康、饒州四府，延袤數百裡[164]；其他中小湖泊如甘棠、鶴問、芳蘭、小池、沙池、杜家、白水、赤湖、官湖、江磯、柘港、青山、橫磯、郭家、錢家、藥湖、蓮花湖和銅湖等，其中藥湖周回四十餘里，銅湖綿亙五十里[165]。這些大大小小的湖泊散布在廣闊的鄱陽湖平原上，構成江西漁業經濟的主要載體。

湖泊水體的特性如深度、溫度、營養度、水源等，決定了是否有利於魚類的生長。適宜魚類生長的湖泊極大多數是中小型淺

---

163 參考尹玲玲：《明代江西鄱陽（湖）地區的漁業經濟》，《中國社會經濟史研究》二〇〇〇年第二期。
164 正德《饒州府志》卷一《建置》，正德《南康府志》卷二《疆域》。
165 嘉靖《九江府志》卷二《方輿志》，正德《南康府志》卷二《疆域》，萬曆《新修南昌府志》卷三《輿地類》。

水湖，且多為富營養型，魚類天然餌料豐富，具有養魚的優越條件。鄱陽湖地區的中小湖泊多為河流改道後的廢棄河床所形成的河間窪地湖，河流截彎取直後形成的牛軛湖，或較深的崗邊湖、堰塞湖接受大量泥沙沉積後所形成的淺成湖，水深一般均較淺，且多為富營養型，故適宜魚類生長，漁業經濟較為發達。例如，九江德化縣官湖「臨大江，春夏交江水泛漲，菱葦合生，不容舟楫，其湖產魚，設河泊所於旁，因名」；小池湖「在封郭州，有河泊所」。湖口縣禁江河段「上通九江，下接小孤，值冬水涸成池，乃魚蝦所聚之處」[166]；明人詩文描述道：「雨過人家收鴨早，日高網戶曬魚腥。」[167]

據明代方志記載[168]，鄱陽湖地區所產魚類品種眾多，有完全在淡水中生活和繁殖的魚類，也有溯河降海性生殖洄游魚類。淡水魚類：鯇（青、草魚）、鰱、鱅、鯉、鯽、鯰、鱤、鱧、鱖、鯖、白、鯿（魴）、鰺、鱨、鯨、鮰、鯊、魛、鰍、鱔等。青、草、鰱、鱅為「四大家魚」，是中國主要淡水養殖魚類；鯉、鯽、鯰、鯿等也是長江水系十分常見的淡水經濟魚類；鱧、鱖、鮰、白魚、銀魚等是較珍貴而美味的食用淡水魚類。溯河降海性洄游魚類：鮪（即鱘魚）、鱒、鰣、麥魚、鰻鱺。對於溯河降海

---

166 嘉靖《九江府志》卷二《方輿志・山川》。

167 劉嵩：《槎翁詩集》，卷六《過湖口縣》。

168 萬曆《新修南昌府志》卷三《輿地・土產》，嘉靖《九江府志》卷四《食貨志・物產》，正德《饒州府志》卷一《土產》，正德《南床府志》卷五《物產》。

性洄游魚類出現的時間和地點，時人有明確的記載，如鱒魚、鯸魚「仲夏始出，魚之極美者，多出彭澤」；麥魚「麥熟時出，形小味佳，產瑞河口」；鱭即刀鱭，「楊花飛始出，故俗呼為『楊花』，亦謂之『時魚』」。

人們對該地所產魚類的各種性狀十分瞭解，如關於醫療藥用：青魚「膽可療目疾」，鱔魚「食之補五臟」、「可治療」，白魚「開胃助脾」，鱖魚「食之可益氣力」，鱧魚「膽甘可食」，鯽魚「性溫、可理脾」，鰻鱺「能殺蟲」、其骨熏煙可辟毒，河豚「補中益氣」；關於毒性：鯉魚「不可與犬肉同食」，鯰魚「須目赤者殺人」，鯇魚「有瘡者不可食」，鱒魚、鯸魚「能發疳疾」，河豚「子有毒」。

明代江西的漁業不完全是江河湖泊中的捕撈業，民間養魚也構成漁業經濟的重要組成部分。江西自古為魚苗孵化之地，魚苗培育和販運業較為發達。九江湖口一帶，由於處於江湖交匯之地，是良好的天然魚類繁殖產卵場地，魚苗捕撈生產規模非常大，有專門以捕撈魚苗為生的漁民群體。明代陸深《儼山外集》對此有詳細記載：

今人家池塘所蓄魚，其種皆出九江，謂之魚苗，或曰魚秧。南至閩廣，北越淮泗，東至於海，無別種也。蓋江湖交會之間，氣蘊所鍾。每歲於三月初旬，把取於水。其細如發，養之舟中，漸次長成。亦有盈縮，其利頗廣。九江設廠以課之，洪武十四

年，欽差總旗王道兒等至府編簽漁人，謂之「澇戶」。[169]

　　據此可知，九江一帶有一獨特的漁民群體，他們專門以捕撈採集並培育魚苗為生。明洪武十四年，朝廷官府專門派欽差總旗王道兒等人前往九江府編定簽發這一漁民群體，並把他們稱為澇戶，意為專門於江湖中以撈取魚苗為生的人戶。每年三月上旬，澇戶們於江湖交匯之水流捕撈魚苗。魚秧剛上水時，細如髮絲，澇戶們即於舟中培育等長到一定規格大小即賣於各地魚苗販運商。

　　同治《九江府志》卷七《地理志・古蹟》記載，元代至大年間（1308-1311 年）即在德安縣南三進四十步設有魚苗倉，後毀於兵火，僅存址基。明代江西九江府，在德化縣湓浦門外龍開河渡口設有專門機構——魚苗廠以孕育魚苗。在嘉靖《九江府志》卷九《職官志・公署》中，魚苗廠作為公署與各河泊所並列。魚苗廠西有大量居民聚居成魚苗廠巷，又稱魚苗街，路通湓浦港，估計大多以魚苗孵化及貿易為業[170]。明人劉嵩有詩云：「聞君鑿池種魚子，遠注潯陽一泓水。春風昨夜化靈苗，中有十萬橫波尾。」[171]可見魚苗孵化規模之大、數量之多。

　　在江西地區，有些河泊所的公署就設在水濱的市場旁邊，就

---

169 陸深：《儼山外集》，卷二〇《豫章漫抄》。
170 嘉靖《九江府志》卷二《方輿志・坊鄉》。
171 劉離：《搓翁詩集》，卷四《戲為友人千魚苗》。

近對漁船徵收漁稅，故明代王直有「公庭依水市，官稅在漁船」[172]之句。這裡的「水市」，當是以魚類貿易為主的魚市。湖口縣之風俗，「鄉務農業，市熟操舟」[173]，從事商業的人員都能熟練地操縱舟船，說明市場也以依託水濱的居多。又如九江府小江市，「一名官牌夾，去府治西五里許，有河匯於大江，水漲通龍坑、赤湖等處。舟楫上下皆泊於此，又陸通德安、瑞昌……商賈貿易、四時如一，亦要會也」；楊家穴市「一名斷腰，在江北岸，去府治三十五里，臨宮亭湖，與大孤山相對。一港委曲，可泊舟楫，又陸通府城，四時貿易無異」[174]。小江、楊家穴、女兒港三市均為天然良港，故發展為大型的江濱水市，四時貿易十分發達。在這些水市上，魚市貿易占有十分重要的地位。

漁業稅收與管理

漁民的魚苗捕撈與售賣獲利頗豐，因此官府特設有稅收機構向其徵收課稅。漁業稅收並非自明代始，我國很早就有漁業課稅的徵收，唐宋時期常有變化。元代創設「河泊所」，徵收「河泊課」，屬於「額外課」之一。但在全國範圍內系統地設置漁業稅收機構——河泊所，並配備相應的漁稅徵收和漁業管理官員——河泊官，制定細密的漁業稅收政策，在全國範圍內徵收漁稅，則自明代始。

172 王直：《過江西河泊所》，同治《南昌府志》卷六《地理志·市鎮》。
173 嘉靖《九江府志》卷一《方輿志·風俗》。
174 嘉靖《九江府志》卷二《方輿志·坊鄉》。

《明史・食貨志》載：「官司有河泊所」，「河泊，取魚課」，「所收稅課，有本色，有折色」[175]。河泊所的主要功能包括兩大方面，即對漁業課稅的徵解與籍定、編審漁業人戶兩大事務的管理，如景泰六年巡按湖廣監察御史葉鑾所說：「河泊所之設，蓋以民間多有置造海溪等舡捕魚罔利，故將有舡編成業戶、定立課米。」[176]明代河泊所的徵課對象幾乎涉及所有的湖泊池潭、江河港汊，甚至淺水、高塘等可以養魚的水體，官府對江潭湖泊陂塘等不同水體的魚課徵收規則也有所不同。明代的漁稅徵收包括戶部項下的魚課鈔及工部項下的魚油、魚鰾、翎毛等實物以及折徵黃麻、白麻、生鐵、熟鐵、生銅、熟銅、魚線膠等物。「河泊所舊制，設官管徵麻、鐵、魚油、翎、鰾等料，以為造船之用。原解本色，如遇丁字庫收貯數多，間改折色」；嘉靖四十二年，廣東、廣西、福建、四川四省因解送途遠，全部改徵折色，其餘司庫則仍徵本色；萬曆三年，因「丁字庫黃麻、熟鐵、絡麻、翎毛收貯數多」，又將浙江、江西、湖廣三省並南直隸十四府州改征折色。[177]

鄱陽湖及贛江等河湖水域的魚類資源豐足，官府在漁民集中的地區設河泊所徵收課稅，進行管理。明初江西共設十六個河泊所，主要分布在九江、南昌二府，其中九江府多達九所，南昌五

---

175 《明史》卷八一《食貨志》。
176 《明英宗實錄》卷二五〇，景泰六年二月辛卯。
177 萬曆《明會典》卷二〇〇《河泊麻鐵等課》。

所，南康、饒州二府各一所。[178]由此可見，明初鄱陽湖地區的漁業主要分布在九江、南昌二府。

明初在九江府設的九個河泊所，以德化縣所設河泊所數量最多，共五所；彭澤縣居次，共兩所；瑞昌、湖口縣各一所。嘉靖年間九江府的魚課徵收以德化縣最高，占總數的一半有餘，瑞昌、彭澤、湖口三縣則分占百分之十到二十之間。[179]這一比例與各縣河泊所的多少基本吻合，大致代表了九江府各縣的漁民人口及漁業分布。嘉靖《九江府志》卷四載該府所屬各色課程鈔共三六五七七錠，而其魚課鈔即達一七五三三錠，占總課程的百分之四十八，可見其漁業經濟在總體經濟結構中所占的重要地位。隆慶《瑞昌縣誌》專列「魚課」一項，與田賦並列，亦可見其漁業經濟在整體經濟結構中所占的重要地位。[180]

自成化以後，鄱陽湖地區的水災漸趨頻繁，沿江一帶彭澤縣小孤山、湖口縣上石鐘山、德化縣封郭洲羅公池連續發生岸崩。崩塌之物嚴重阻塞江流，造成江面壅水、被迫展寬。九江府緊鄰長江以南，湖泊接受泥沙淤積當其衝，故最先淤淺、淤廢。魚利因湖泊的淤淺、淤廢而大為減少，故河泊所前後裁革最劇，從前期的九所降為後期的三所，其中四所於成化以前已裁革，成化以後至萬曆以前較為穩定，一直未有裁革現象，萬曆年間又裁革兩

178 嘉靖《九江府志》卷一《方輿志》、卷九《職官志》，萬曆《明會典》卷三六《課程五・魚課》。
179 嘉靖《九江府志》卷四《食貨志》。
180 隆慶《瑞昌縣誌》卷三《賦役》。

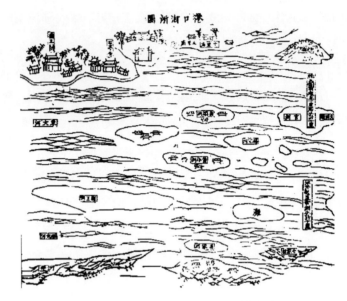

· 港口河泊所圖，萬曆《新修南昌府志》卷一《郡圖》。

所，裁革比例達三分之二。[181]

明初南昌府共設五個河泊所，即港口（南昌南鄉 48 都）、趙家圍（南昌鍾陵鄉 14 都）、昌邑（新建昌邑鄉 52 都）、樵舍（本府德勝門外）、鄡子（南昌乾封鄉 24 都）。[182]除樵舍河泊所後於萬曆九年裁革併入昌邑所外，其餘四所明後期仍存。境內湖泊泥沙淤積相對緩慢，故河泊所的設置較為穩定而少有裁革。河泊所對於地方的安全和生計是如此重要，以致政府特意清丈立界

---

181 嘉靖《九江府志》卷九、萬曆《明會典》卷三六《課程五・魚課》。
182 萬曆《新修南昌府志》卷九《典制類・漁課》、萬曆《明會典》卷三六《課程五・魚課》。

並繪圖。明代地方誌即指出:「江湖水利所關郡城,水注東、西湖,近湖之四週日削,每夏潦不免淹溺之虞,長江深潭若秋冬並淺水,禁之則凡資網業以活生納課者茲重困之矣。萬曆十六年本府各清丈立界以杜其害云。」[183]

南昌府的漁業經濟頗為發達,從一些地名即可看出其漁業生產的痕跡。如「李岐漁門,在縣東北一百四十里,其水東北流一百三十里逕楊家灘過趙家圍,又東流二十里至漁門口,又分流三里入鄱湖」。由此可知,李岐漁門正處在河流下游入湖口附近,富含有機質,魚類天然餌料十分豐富,魚類資源相當可觀,因而稱為「漁門」。又如「鱘洲,在縣東北,周廣一里……昔有漁於彭蠡者釣得大魚,引之不出,因隨流而上,凡五日困於此洲,得而殺之」[184]。由此可以推斷該漁人釣得的大魚即鱘魚,此洲附近水面曾產或現仍產鱘魚。又如豐城縣「生齒甚繁,承平時水種至六萬戶」[185],這裡所說的「水種」或許就是專事漁業的漁戶。豐城縣的漁民數量如此之多,則設有河泊所的南昌、新建等縣之漁民數量當更為可觀。

明代前期,南昌府河泊所的漁課主要以課米的形式徵收,如洪武十年南昌府所轄五個河泊所的漁課總額共計歲辦課米二六二六石三斗。後期則改為主要以鈔銀的形式徵收,嘉靖年間南昌

183 萬曆《新修南昌府志》卷一《輿地類・郡圖》。
184 萬曆《新修南昌府志》卷三《輿地・山川》。
185 萬曆《新修南昌府志》卷三《輿地・風土》。

府五處河泊所徵收的漁課鈔銀數共計五三一兩，其中以港口所徵收額最高，為一六八兩，所占比重近三分之一；樵舍所徵收額最低，為七十四兩，所占比重最小，故該所於萬曆九年裁革併入昌邑所。[186]

此外，如南康府設楊林河泊所，專門掌管水產稅收。正德年間，星子、都昌、建昌三縣共徵收魚課米六二○石；魚油一九二四○斤，其中楊林河泊所占一六九七八斤；魚鰾四○一斤，其中楊林河泊所占三五三斤。湖灘上珍禽群棲，所以每年還要交納瓴毛二五八四六五根，楊林河泊所占二二六六八六根；活天鵝十五隻。[187]饒州府明初設柴棚河泊所一處，隸屬於府，公署先在柴棚，後遷於府城月波門外。鄱陽湖屬饒州府境只有東面一隅，故在其東岸設河泊所。洪武二十四年饒州府徵收的魚課鈔全為柴棚河泊所辦納，其數量只稍低於商稅門攤契稅鈔，遠高於其他房質、窯冶等各類課鈔總和，占總課稅的百分之三十七[188]，可見魚課稅收在總課稅中占有重要地位。

由此可知，明中期江西鄱陽湖地區的漁業分布以南昌、九江二府最多，南康、饒州二府居其次，這與前述官府河泊所的設置也基本吻合。各府所徵魚課在課稅總額中均占相當比重，至少在百分之三十到五十之間，可見其漁業經濟在總體經濟結構中占有重要地位。

---

186 萬曆《新修南昌府志》卷九《典制類・漁課》。
187 正德《南康府志》卷五《課程》。
188 正德《饒州府志》卷一《稅課》。

除以上所述九江、南昌、南康、饒州等地區外，在注入鄱陽湖的贛、撫、信、修四大支流沿岸地區也有一定數量的漁業經濟，有一些專門從事漁業捕撈的漁民人口。如袁州府的萍鄉、宜春二縣明初均曾設有河泊所，但相對於以上四個地區來說，其漁業經濟的規模遠遠不及。可能由於該二河泊所魚課額過低，已沒有必要設立，於英宗正統年間相繼裁革[189]。

正統七年，明廷頒布了河泊所的存廢標準：「各處魚膠不及百斤、課鈔不及百貫、米不及十石者聽於本處上司或附近河泊所類解。」[190]但在實際執行的過程中，往往多有例外。有的河泊所所管湖池陂塘歲久湮塞淤廢，但未及時奏而未革，機構仍存，漁課額仍舊。由於漁利的下降及日趨沉重的課稅負擔，漁民流絕逃亡的現像極為嚴重。湖口縣逆沙夾河泊所，明初洪武年間額定漁戶有一八四家，後僅存五十餘家，消耗幾達三分之二。[191]朝廷詔令「各處魚課有湖池湮塞坍塌、無從採捕、累民包納者，所在官司申按察司及巡按御史踏勘分豁」[192]，則說明這種情況不在少數。

明初，政府在全國各地水域對專門從事漁業生產的漁民進行定籍，成立了專門的漁戶戶籍。漁戶戶籍與軍戶、匠戶等戶籍一樣，屬於世襲性質，且相對於其他戶來說屬於賤民。[193]漁戶的管

189 《明英宗實錄》卷九〇載革「袁州府萍鄉縣河泊所」卷一七〇載革「袁州府宜春縣河泊所」。
190 萬曆《明會典》卷三六《課程五‧魚課》。
191 嘉慶《湖口縣誌》卷五《食貨志‧鹽課》。
192 萬曆《明會典》卷三六《課程五‧魚課》。
193 漁戶有「九姓漁戶」和普通「漁戶」之分。王守仁《行江西按察司編

理也有同民戶里甲相似的一套制度，設有網首、小甲等。漁民以船為家，四時放棹於煙波風浪之中，在沉重的課稅負擔下最易於遷徙逃亡；據湖為盜、劫掠行旅，甚至抗拒官府的現象也時有發生，不利於官府稅收及管理。明代中葉，南康府安義縣發生過寧王驅協九姓漁戶助其造反之案。[194]有鑑於此，官府對漁戶進行嚴格而周密的牌甲編審制度。如王守仁《行江西按察司編審九姓漁戶牌》記載：

拘集（安義縣）楊子橋等九姓漁戶到官，從公審查，要見戶記若干、丁計若干，已報在官若干、未報在官若干，各駕大小漁船若干，原在某處地方打魚生理。著定年貌、籍貫，編成牌甲；每十甸為一牌，內僉眾年長服一名為小甲；地方多寨，每五牌或六牌為一甲，內僉眾年信服一名為總甲。責令不時管束戒諭，仍地原駕船梢粉飾方尺，官為開寫姓名年甲籍貫住址及注定打魚所

審九姓漁戶牌》説：「數內楊子橋等九姓漁戶，又該知縣王軾引赴軍門投首，各執稱被脅，情有可矜，當該本院量行責治，仍發本官帶回安撫外。今訪得前項漁戶，尚有隱匿未報，及已服官而乘勢為非者，況查沿江湖港等，亦有漁戶以打魚為由，因而劫殺人財，雖嘗緝捕禁約，而官吏因循，禁防廢弛，合就通行查處。為此仰抄案回司，即使選委能幹官員，會同安義等縣掌印，捕盜等官，拘集楊子橋等九姓漁戶到官，從公查審。」由此可知明中期時江西境內分布著九姓漁戶。除了他們之外，也有其他「漁戶」從事搶劫、殺人等違法活動。則明代江西的漁民由「九姓漁戶」和「漁戶」組成，漁戶當指普通漢人漁民，九姓漁戶則指一支來源與普通（漢人）漁戶有異的漁民群體。

194 王守仁：《王陽明全集》，卷一七《告諭安義等縣漁戶》。

在，用鐵打字號火烙印記開造印信手冊在官……仍即通行南昌等一十三府及各州縣一體查處編立牌甲，嚴加禁約施行、造冊繳報查考。[195]

由上可知，其編審內容極為詳細，過程非常嚴密。統計項目有漁戶戶數、漁丁人口、漁船大小及數量，從事漁業生產的水域。登記漁民人口的年齡、籍貫、相貌，然後將所登記的漁民編成牌甲。與里甲編審基本相同，每十名漁丁編為一牌，從中選出一名大家都信服的人為該牌的小甲。每五牌或六牌編為一甲，根據各個地方漁戶數量的多少而定；從中選出一名眾人都信任並服從其管理的為總甲。責令各小甲及總甲約束管理好轄下的漁戶，在各自原駕駛的漁船船尾粉刷出一尺見方，其上註明戶主的姓名、年齡、籍貫、屬何牌甲、漁船住泊處及在何處水域打魚，並用專門的鐵鑄模件在上面烙出特定的記號。另外再根據以上各項開具詳細的印證憑信，編成手冊，作為官府稽查的憑據。從調查統計到登記註冊到編審管理的一系列程序都十分嚴密，可見其編審制度之嚴謹。基於此，通令江西全省包括南昌等十三個府及其各個州縣都按照這一編審制度編立牌甲，嚴令各級組織加以很好的施行，造成冊籍級級上報，以便隨時查考。

雖然如此，漁戶逃徙流亡的現象仍十分嚴重，南昌府五河泊所所轄漁戶從明代初年到萬曆年間「雖漁戶冊籍如故，而歲久便

195 王守仁：《王陽明全集》，卷三一《行江西按察司編審九姓漁戶牌》。

逃絕影射，莫可勝言」，政府稅收因此大量減少。為了杜絕或減少這一現象的發生，以做到漁課不失舊額，河泊所的徵課對象有一個從籍定漁戶→畫潭定界、從稅人→稅湖的演變過程：「莫若以業求人、畫潭定界，庶漁油料鈔不失其額課云」[196]。可見，明代後期南昌府河泊所的漁稅徵收制度由人而轉為湖。這一變化有利於漁課的徵收。原因在於，漁戶可以遷徙他處，可以投寄豪強大戶，而陂湖池潭等則是固定之地，將課稅額按水面面積分攤到該地周圍所居之民頭上，則漁課不易逃避而易於完繳。這一變化暗含著「攤丁入畝」的實質。

明代後期江西地區的漁業經濟仍較為發達，在全國占有一定地位。如明萬曆年間全國各省歲收魚課銀共四六〇〇〇餘兩，其中江西一省有三四〇〇餘兩，約占全國總數的百分之七點四。當然，相對於湖廣、南直隸及沿海的福建來說，其課額要少得多，所占比重也低得多。[197]明代湖廣轄境有今湖北江漢平原及湖南洞庭湖平原水域，南直隸轄境則有今安徽沿江各河湖水域及今江蘇太湖流域水域，而福建沿海的海洋漁業經濟歷來頗為發達，故這三個區域的魚課額及其比重要較江西為高。

---

196 萬曆《新修南昌府志》卷九《典制類・漁課》。

197 據萬曆《明會典》卷三六《魚課》所載戶部項下課銀及卷二〇〇《河泊麻鐵等課》所載工部下課銀折算統計。

第四章 ——

明代江西的商品、商人與市場

第一節 ▶ 手工業的商品化生產與商品的豐盛

一　製瓷業

江西是傳統的手工業大省。張瀚《松窗夢語》說：「今天下財貨聚於京師，而半產於東南，故百工技藝之人亦多出於東南，江右為夥，浙、直次之，閩粵又次之。」[1]在北京的百工技藝之人，多來自東南，而以江西為多，浙江、江南、福建、廣東尚有不及。這一現象的發生，又是以江西民眾習技成風為基礎的：「鄉之民力田而外，籍資生理，工其一焉，或陶於饒，或楮於鉛，或效技於本邑他郡。」[2]

明代江西手工業門類增多，產品交流更趨活躍。從現有記載及流傳至今的傳統工藝看，明代江西地區能夠為社會提供大量商品的重要手工業，除了前文所說的棉、麻、菸、茶等經濟作物的加工業外，主要還有製瓷業、造紙業、製藥業、刻書業、礦冶業和鑄錢業以及造船業、竹木製品業、錫箔業、鞭炮製作業等。在門類眾多的手工業中，製瓷業與造紙業的發展尤具有全國性的意義。

中國古代手工業生產的基礎固然在民間，但欲在質量上有所突破和提高，與政府的投資是分不開的。大凡著名的手工業品，幾乎都和貢品有不解之緣。儘管在唐初，浮梁縣昌南鎮的瓷器就

1　張瀚：《松窗夢語》，卷四《百工紀》。
2　道光《貴溪縣誌》卷一一《風俗》。

有「假玉器」之稱，但江西製瓷業的真正發展還是從宋真宗景德年間遣官設鎮開始的。宋末元初，隨著吉州窯工的大量遷入和高嶺土的開發利用，使景德鎮瓷業在工藝技術上得到更為迅速的發展。青花瓷燒造的成功，更使景德鎮瓷器拋開了其他名窯而在全國獨占鰲頭。到明代，景德鎮已成為我國製瓷業的中心。宋應星評論：「凡白土曰堊土，為陶家精美器用，中國出惟五、六處，……合併數郡，不敵江西饒郡產。……若夫中華四裔馳名獵取者，皆饒郡浮梁景德鎮之產也。」[3]王士性《廣志繹》則說：

浮梁景德鎮雄村十里，皆火山發焰，故其下當有陶埴，應之本朝，以宣（德）、成（化）二窯為佳，宣窯以青花勝，成窯以五彩。宣窯之青，真蘇孛泥青也。成窯時皆用盡，故成不及宣。宣窯五彩堆垛深厚，而成窯用色淺淡，頗成畫意，故宣不及成。然二窯皆當時殿中畫院人遺畫也，世廟經醮壇亦為世珍。近則多造濫惡之物，惟以制度更變，新詭動人，大抵輕巧最長，古樸盡失，然此花、白二瓷，他窯無是。遍國中以至海外夷方，凡舟車所到，無非饒器也。[4]

可見景德鎮產瓷，不僅有官方的投資、技藝的先進，還有其得天獨厚的資源條件。

3　宋應星：《天工開物》，中卷《陶埏》。
4　王士性：《廣志繹》，卷五《江南諸省·江西》。

《明史・食貨志・燒造》一節，幾乎專記明政府在景德鎮燒造瓷器之事：

正統元年，浮梁民進瓷器五萬餘，償以鈔。禁私造黃、紫、紅、綠、青、藍、白地青花諸瓷器，違者罪死。宮殿告成，命造九龍九鳳膳案諸器，既又造青龍白地花缸。王振以為有疵，遣錦衣指揮杖提督官，敕中官往督更造。成化間，遣中官之浮梁景德鎮，燒造御用瓷器，最多且久，費不貲。孝宗初，撤回中官，尋復遣。弘治十五年復撤。正德末復遣。自弘治以來，燒造未完者三十餘萬器。嘉靖初，遣中官督之。給事中陳皋謨言其大為民害，請罷之。帝不聽。十六年新作七陵祭器。三十七年遣官之江西，造內殿醮壇瓷器三萬，後添設饒州通判，專管御器廠燒造。是時營建最繁，近京及蘇州皆有磚廠。隆慶時，詔江西燒造瓷器十餘萬。萬曆十九年命造十五萬九千，既而復增八萬，至三十八年未畢工。自後役亦漸寢。[5]

雖然《明史》省略了永樂、宣德時明政府在景德鎮督造瓷器的情況，但從上面這段文字仍然可以看出，景德鎮的瓷器官督燒造實與明朝相始終。王世懋在萬曆時為九江分守道，對有明一代景德鎮的官造瓷器有更深的感受：

5　《明史》卷八二《食貨志六・燒造》。

宋時窯器以汝州為第一，而京師自置官次之。我朝則專設於浮梁縣之景德鎮。永樂、宣德間內府燒造，迄今為貴。其時以棕眼甜白為常，以蘇麻離青為飾，以鮮紅為寶。至成化間所燒，尚五色絢爛，然而回青未有也。回青者出外國，正德間大璫鎮雲南得之，以煉石為偽寶，其價初倍黃金。已知其可燒窯器，用之，果佳。嗣是闔鎮用之，內府亦有輸積，而青價稍稍賤矣。嘉靖間回青雖盛，鮮紅土斷絕，燒法大不同前，而上忽命燒大鋼圍，至六七尺，所用土料青料既多，比入火，十無二三完好者。坐是為虛費甚巨，而人莫敢言。穆宗登極，詔發宣德間鮮紅樣命造，撫臣徐式力言此土已絕，止可採礬紅。上姑允之，而加造方器如匣筍類者甚多。大鋼之費既在，而方器之苦復增。蓋窯器圓者，鏇之立就，倐忽若神。獨方物，即至小亦手捻而成，最難完整，供御大率十不能一二，餘皆置之無用，殊可惜也。今上時猶踵二宗之令，且添造棋局矣，棋局如片板，尤難就而苦不中用，不知何取而為之。餘為九江分守，曾督運二鋼親至其地，故得詳顛末云。**6**

上述記載至少提供了這樣幾個方面的信息：一、明政府在景德鎮設官窯製御瓷至遲在永樂時已經開始。二、內府對瓷器的需求，有日常用瓷和特殊用瓷兩類，日常用瓷由地方政府負責，嘉靖時專設饒州府通判管理；特殊用瓷一般特遣宦官督造，而官窯

6　王世懋：《窺天外乘》，《叢書集成初編》本。

所造精品瓷器，幾乎都是在宦官的督造下完成的，文官集團則將其視為奢侈和浪費。三、向內府提供瓷器的並非只是官窯，也包含民窯。四、為了燒造美器，政府不惜工本，而景德鎮製瓷技藝的精進，正與此密切相關。

　　雖然明政府在景德鎮設官窯製御用瓷器，但大量的日用瓷和藝術瓷仍然是經商人販賣，進入市場成為商品。嘉靖《江西省大志》說：「（景德鎮瓷器）利厚計工，市者不憚價，而作者為奇鈞之。則至有數盂而直一金者。他諸花草、人物、禽獸、山水、屏瓶、盆盎之觀，不可勝計，而費亦輒數金……相競以逞。所被自燕雲而北，南交阯，東際海，西被蜀，無所不至，皆取於景德鎮。而商賈往往以是謀大利，無所復禁。」[7]雖然明初實行禁海政策，但不少江西商人及徽州商人仍通過各種途徑攜瓷出海。永樂時，有「饒州人」程復以琉球國（今日本沖繩）中山王長史的身分與明朝使者接觸。程復是明初經商到該地定居的，很可能就是景德鎮瓷商。[8]成化十四年，浮梁商人方敏，「湊銀六百兩，買得青白花白碗、碟、盆、盞等項瓷器，共二千八個」，船運到廣東海外，賣給「番舶」[9]。嘉靖時，命「浮梁客」汪宏等隨外商船隻出海採買香料。這汪宏應是經常出海的瓷商或茶商。[10]崇禎時，給事中傅元初請開海禁，認為海禁一開，浙江和南直的絲

7　嘉靖《江西省大志》卷七《陶書》。
8　《明太宗實錄》卷一一五，永樂九年四月癸巳。
9　《皇明條法事類纂》卷二〇《接買番貨》。
10　陳洪謨：《繼世余聞》，卷三。

・明代景德鎮為西亞燒製的青花
執壺

・明代景德鎮力葡萄牙燒製的徽章瓷碗
以上二圖均引自《南方文物》二〇〇五年
第三期。

客、江西的瓷商，必然趨之若鶩，政府也可從中得利。[11]明中期
以後，葡萄牙、荷蘭等國商人陸續東來，景德鎮瓷器是其重要的
購買物。萬曆四十四年，荷蘭東印度公司職員給公司的董事們寫
信說：「在這裡我要向您報告，這些瓷器都是在中國內地很遠的
地方製造的，賣給我們各種成套的瓷器都是定製，預先付款。因
為這類瓷器在中國是不用的，中國人只有拿它來出口，而且不論
損失多少，也是要賣掉的。」[12]這些「定製」的瓷器，應該是西
餐餐具、咖啡具等。

11　顧炎武：《天下郡國利病書》原編第十六冊《福建》。
12　中國硅酸鹽學會：《中國陶瓷史》，文物出版社一九八二年版，第410
　　頁。

景德鎮之外，明代江西較為有名的瓷器產地還有廣信府橫峰窯。橫峰窯始於元末明初，為浙江處州流民來此定居開創。[13]橫峰的製瓷業就此逐漸發展起來，形成橫峰窯，嘉靖中遂在此立興安縣（今橫峰縣）。橫峰距浙江較近，因此橫峰窯器物風格明顯受浙江龍泉窯的影響。

二　造紙業

江西自然條件優越，山林覆蓋面積大，又是產糧大省，竹木、稻草等造紙原料十分豐富。加以江西又是傳統的文化大省，教育盛行、科舉發達，紙的需求量大，故江西造紙業在全國處領先地位。明代江西造紙作坊遍及各地，紙張品種也多，適應各種類型的需求。

項元汴在《蕉窗九錄・紙錄》列舉了明代前中期的主要紙張產地，均在江西、浙江、南直。連七、觀音紙，為江西南昌西山官局所造；奏本紙，由江西鉛山紙槽所造；小箋紅，由江西臨川紙槽所造。另外有榜紙，造於浙江及南直；大箋紙，造於浙江上虞；箋紙，由南直徽州府所造。[14]

宋應星《天工開物》、謝肇淛《五雜俎》則記載了明代後期的各類紙張：

一為竹紙，以毛竹為原料，皆產於南方各省。有意思的是，

13　唐秉鈞：《文房肆考》，卷三。
14　項元汴：《蕉窗九錄》，《四庫全書存目叢書》本。

在同一時代，江西人宋應星說「閩省獨專其盛」，浙江人謝肇淛卻說江西竹紙「遍於天下」。宋應星《天工開物》為明代手工業的專書，謝肇淛則以見多識廣聞名於世，他們的說法應該都有依據。竹紙主要用於印刷及日常書寫，故需求量甚大。[15]

二為火紙，以稻草為原料，盛產稻穀的江西、湖廣所產最多，大半用於冥燒，小半用於日用。「荊楚近俗，有一焚侈至千斤者。」

三為包裹紙，以竹、麻粗料加宿田晚稻藁為原料，也產於江西、湖廣，既粗且厚，故專用於包裹物品。

四為柬紙，這是優質紙，「全用細竹料厚質蕩成，以射重價」。主要產於江西鉛山、玉山等縣。上等柬紙名「官柬」、「富貴之家，通刺用之，其紙敦厚而無筋膜，染紅為吉柬，則先以白礬水染過，後上紅花汁雲」。

五為皮紙，又名綿紙，以楮樹皮或桑樹皮入嫩竹、麻為原料，產於江西、浙江等地。《天工開物》說：

凡皮紙，楮皮六十斤，仍入絕嫩竹麻四十斤，同塘漂浸，同用石灰漿涂，入釜煮糜。近法省嗇者，皮竹十七而外，或入宿田

---

15 謝肇淛《五雜俎》卷一二《物部》說：「今時，有剛連、連七、毛邊之目，尤極腐爛，入手即碎。而人喜用之者，價直輕爾。毛邊之用，上自奏牘，下至柬帖短札，遍於天下，稍濕即腐，稍藏即蠹，紙中第一劣品，而世用之不改者，光滑便於書也。」又說：「印書紙有太史、老連之目，薄而不蛀。然皆竹料也。若印好板書，須用綿料白紙無灰者，閩浙皆有之。而楚蜀滇中，綿紙瑩薄，尤宜於收藏也。」

稻藳十三，用藥得方，仍成潔白。凡皮料堅固紙，其縱文扯斷如綿絲，故曰綿紙。……其最上一等，供用大內糊窗格者，曰欞紗紙。此紙自廣信郡造，長過七尺，闊過四尺。……其次曰連四紙。連四中最白者，曰紅上紙。皮名而竹與稻藳參合而成料者，曰揭帖呈文紙。芙蓉等皮造者統曰小皮紙，在江西則曰中夾紙。河南所造，未詳何草木為質，北供帝京，產亦甚廣。又桑皮造者曰桑穰紙，極其敦厚，東浙所產，三吳收蠶種者必用之。凡糊雨傘與油扇，皆用小皮紙。[16]

項元汴《蕉窗九錄》說：「永樂中，江西西山置官局造紙。」陳宏緒《寒夜錄》則說：「國初貢紙歲造於吾郡（南昌）西山，董以中貴，即翠岩寺遺址以為楮廠。其應聖宮西皮庫，蓋舊以貯楮皮也。今改其署於信州，而廠與寺俱廢。」[17]在江西設置官局，本身就說明江西有著造紙傳統及豐富的造紙原料，同時也對江西的造紙業起著推動作用。造紙局先設於南昌西山，再移至廣信府[18]，也說明了江西造紙業中心的轉移。實際上，在整個明代，江西造紙仍以民間為主。

廣信府是明代江西造紙業的中心。嘉靖時廣信府出產楮皮

16　宋應星：《天工天物》，卷中《殺青》。另見陳宏緒《寒夜錄》卷下《楮廠》、方以智《物理小識》卷四。

17　陳宏緒：《寒夜錄》，卷下《楮廠》。

18　造紙局移廣信府時間待考。光緒《江西通志》卷八六：「孫遇……（正統間）嘗罷西山紙廠，以更生民累，人尤德之。」據此則造紙局應是正統之後遷廣信府。

・造紙流程圖，《天工開物》卷中《殺青》插圖。

紙、白鹿紙、高簾紙等品種，其中楮皮紙原料來自湖廣，玉山、永豐造；白鹿紙鉛山、貴溪造，而產鉛山者更佳；高簾紙俗稱篷紙，鉛山造。[19]明中後期廣信府的玉山、鉛山、上饒、永豐（今廣豐）諸縣的造紙槽房正處於鼎盛時期。嘉靖《江西省大志》對此作了詳細記載，節錄如下：

19　嘉靖《廣信府志》卷六《食貨志》。

國朝自洪武年間創於玉山一縣，至嘉靖以來，始有永豐、鉛山、上饒三縣續告官司，亦各起立槽房。玉山槽坐峽口等處，永豐槽坐柘楊等處，鉛山槽坐石塘、石壟等處，上饒槽坐黃坑、周村、高洲、鐵山等處，皆水土宜槽。……槽戶自備其槽房，工匠亦多募工成造，每槽動以千計。每人日給工食銀三分，而工師匠人各種不一。要皆各獻能呈技，不能殫述。此皆槽戶自備，並未仰給公家。……玉山縣槽房不啻五百餘座，永、鉛、上三縣不啻百餘座，皆係民間自備竹木磚瓦材料，構結房廠，可容百數十人。擇其水源清潔、澄潭急湍，便於漂洗地方，而後槽所立焉。……楮之所用為構皮，為竹絲，為簾，為百結皮。其構皮出自湖廣，竹絲產於福建，簾產於徽州、浙江，自昔皆吉安、徽州二府商販裝運本府地方貨賣。其百結皮玉山土產。[20]

槽戶多、規模大、民間經營、雇工生產，是明中期廣信府紙生產的基本特點。當時造紙的中心在玉山。到明後期，鉛山縣成了江西乃至全國最重要的紙張生產基地，其主要紙槽在石塘和陳坊，而河口鎮則是紙張的主要集散地。《鉛書》記載：「鉛山唯紙利，天下之所取足，故四山皆煮竹為生。」[21]鉛山的造紙業，與景德鎮的製瓷業、蘇杭的絲織業、松江的棉織業、蕪湖的漿染業，並稱為明代五大手工業中心。

---

20 嘉靖《江西省大志》卷八《楮書》。
21 萬曆《鉛書》卷一《食貨》。

此外，吉安府毛邊紙，也是紙張中的名品。雖然謝肇淛說毛邊紙「稍濕即腐，稍藏即蠹，紙中第一劣品」，但仍然不得不承認它「上自奏牘，下至束帖短札，遍於天下」。其實，以竹為原料的毛邊紙和以其他物品為原料的紙種一樣，都有優劣之分。以粗竹濫制的毛邊紙固然為「劣品」，而以嫩竹為原料，易著墨、印刷清晰、經久耐用的毛邊紙卻是上等好紙。萬曆年間，南直常熟人毛晉汲古閣刻十三經、十七史等典籍，特派人來江西選紙，吉安府泰和等縣出產的竹紙中選，遂名「毛邊紙」，至今猶沿用。

袁州府各縣也多出產竹紙，以萬載所產為佳。[22]瑞州府的宜豐、南昌府的靖安等縣也有出產。正德《瑞州府志》記載：「竹紙，即古之陟里，有老大、中大、羅端、曬紙等名；火紙，人多貨為紙幣，故名。俱出新昌。」[23]

民國時的《經濟旬刊》載文敘及清末民初江西造紙業的情況：

考吾國歷來產紙最盛之區，推閩、浙、贛。較以質與量，更以江西所產為最優最巨。明永樂中曾有西山官紙局之設，專事督造，江西之紙，於是蜚聲全國，迄民初猶未衰。據前農商部調查，江西紙產，民四至民七，四年間之平均產額，價值在八百萬

22　正德《袁州府志》卷二《土產》。
23　正德《瑞州府志》卷三《財賦志》。

元以上，同年間全國紙產額約四千萬元，占全國五分之一，為中國產紙之首區。……萬載、宜春以造表芯紙、粗紙為主。鉛山產連史、關山等細紙，為各縣之冠，銷行最廣；石城、永豐、吉安、龍泉、泰和、河口產毛邊紙，以泰和產為最佳，銷行於長江下游一帶，稱為泰和毛邊；石塘鎮之觀星嶺、產官堆，亦甚著名。奉新、靖安以產火紙著，行銷華北一帶為最廣。……江西紙之種類，……有二百種以上，但總別之，可分為粗紙、細紙二種。細紙以毛邊、連史、白關、關山、貢川等為主，粗紙以表心、火紙及其他草紙為主。**24**

這段記載，雖然出自民國，卻基本上反映了明初以來江西造紙業的基本狀況及其在全國的地位。

三　商品的豐盛

明代糧食作物與經濟作物的種植，手工業的發展，商人的活躍及市場的擴大，都推動了江西本地商品經濟漸趨繁榮。江西商品經濟的繁榮，多依託本地豐盛的農副產品及土特產品。江西的大宗商品除瓷器和紙張外，還有糧食、麻、煙、茶、布、藥材、木材等，由此形成了一些重要的商業行業。

糧食業。江西地區既為全國重要的商品糧生產地之一，糧食

　24　《江西紙產之危機》，一九三六年《經濟旬刊》。

業自然也成為商人的主要行業。明人顧起元《客座贅語》卷二《議糴》說:「金陵百年來,穀價雖翔貴至二兩,或一兩五六錢,然不逾數時,米價輒漸平。從未有若西北之斗米數百錢,而饑饉連歲,至齧木皮草根砂石以為糧者。則以倉庾之積貯猶富,而舟楫之搬運猶易也。惟倉庾不發,而湖廣、江西亦荒,米客不時至,則穀價驟踴,而人情嗷嗷矣。」吳應箕也說,他的家鄉南直貴池等地的糧食大部分來自江西和湖廣。[25]王士性則說,浙江常山等地如果沒有江西玉山等地的糧食接濟,「則終歲饑饉者十家而七矣」[26]。可見在明後期,南京及其周邊地區的糧食已離不開江西、湖廣的供給。到清朝,「湖廣熟、天下足」已是公認的事實。每年除近一百萬石(湖廣 26 萬石、江西 67 萬石)漕糧、二百萬石倉儲、一百萬石調劑之外,剩餘的糧食大抵都由商人販運。因而糧食業是這一地區規模最大、資金最為雄厚的行業之一。

布業。明前期,江西布商主要經營的是夏布,中期以後,則夏布、棉布兼營。萬載、樂安、寧都、石城等地夏布,清江、南昌等縣棉布,「衣被楚、黔、閩、粵」,是江西商人致富的重要貨物。吉安布商多走蜀、廣,有專號「粵莊」、「蜀莊」者。貴州水銀產地回龍場和雙流泉,汞商多是江西人,而這些江西商人實際上又是布商。他們將本省夏布、棉布(部分購自松江一帶)

25 吳應箕:《樓山堂集》,卷一二《江南平物價議》。
26 王士性:《廣志繹》,卷四《江南諸省‧浙江》。

運到貴州、四川等地銷售，然後就地收購水銀，轉售湖廣、廣東、浙江、江蘇，然後在江蘇或本省收購布匹，再運往川、貴、雲南。

茶業。明代江西茶業雖已逐漸喪失在唐宋時期那樣明顯的領先地位，但仍不失為主要的茶葉輸出省。明人張瀚《松窗夢語》卷四《商賈紀》說：「鹽茶之利尤巨，非巨商大賈不能任。」其所見主要是腰纏萬貫的兩淮鹽商和邊貿茶商，卻忽略了還有千千萬萬肩挑背扛的個體鹽商和茶商。而重量輕、價格高的茶葉，便於以小本經營為特點的江西商人，當然，其中也有從小生意做到大買賣的。

藥業。江西的藥材商人多出臨江府清江縣，藥鋪則集中在清江縣的樟樹鎮。明中葉，樟樹發展為全國的藥材加工和集散地。王士性《廣志繹》說：「樟樹鎮在豐城、清江間，煙火數萬家，江、廣百貨往來，與南北藥材所聚，是稱雄鎮。」[27]但樟樹本地的藥材並不豐富，崇禎《清江縣誌》說，樟樹的藥材大多來自兩廣、四川、湖廣，以及南直隸的廬陽等地。藥材多取於各地，但加工則全在樟樹，所以，樟樹「遂有藥碼頭之號，實非土產」。[28]因此，樟樹藥商的足跡也遍及川、黔、滇、鄂、粵、桂諸省，甚者遠涉青藏、東北乃至海外馬來西亞、爪哇、馬尼拉等地。重慶、漢口、湘潭、梧州，為樟樹藥商在國內的四大據點，分別是

27　王士性：《廣志繹》，卷四《江南諸省・江西》。
28　崇禎《清江縣誌》卷三《土產》。

川陝、鄂西、湘黔、滇桂藥材的集散地，樟樹藥商在此開鋪立號，廣收藥材。

木材業。江西為明代重要的木材生產基地之一，明成祖營建北京時，採林木於四川、湖廣、江西、浙江、山西。各府均產木材，又以南安、贛州二府為最。前引《王陽明全書》說，南、贛地方，山場開曠，盛產杉木，吉安等府縣的流民常年來此，謀求生理，結幫成伙，砍伐竹木，裁林木鋸板，然後將木料或板材紮成木排，順流而下，以此致富。此外，吉安、南昌、撫州各府也是木材的重要生產地。江西商人一般以吳城為木材集散地。來自贛江、修水、撫河上游的木材，均在此重扎大筏，然後出湖口、入長江，運銷蘇、松、南京及武昌等地。

書業。自兩宋以來，江西人文發達，科甲鼎盛，加上造紙業和印刷業的發展，出現了一批專門從事書肆經營的商人。對於棄學經商者，書肆經營既可贏利，又是一種精神寄託，因而更具有吸引力。在江西書商中，以撫州商人，特別是撫州東鄉、臨川、金溪商人為多。吳嵩梁《東鄉風土記》說：東鄉之民，「謀生之方不一，書肆遍天下。」

漁業。江西境內江河縱橫，水域面積寬廣，加之氣候溫暖，適宜各種淡水魚類生長，因而漁業有得天獨厚的條件。前引陸深《儼山外集》卷二〇《豫章漫抄》說：「今人家池塘所蓄魚，其種皆出九江，謂之魚苗，或曰魚秧。南至閩廣，北越淮泗，東至於海，無別種也。蓋江湖交會之間，氣蘊所鍾。每歲於三月初旬，挹取於水，其細如發，養之舟中，漸次長成，亦有盈縮，其利頗廣。」經營漁業的，多為江西本地漁商，正如《古今圖書集

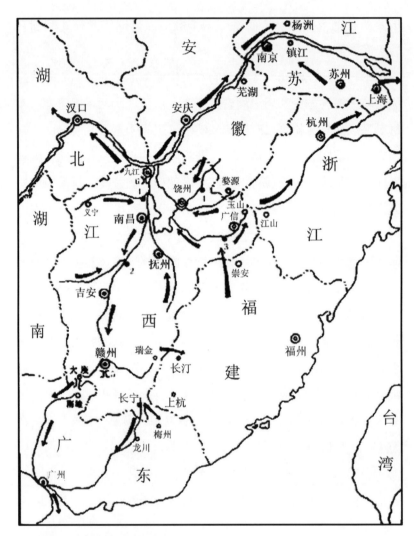

・明清時期江西物産出口示意圖
　說明：1景德鎮、2樟樹鎮、3河口鎮、4吳城鎮、5贛關、6九江鈔關

成》所說：「江湖漁利，亦惟江右人有。」[29]

　　其他如食鹽、菸草、藍靛、蓮實、糖等商業活動，也都形成一定的規模。從事這些活動，多為本地商人，也有大量的外地商人，如徽商、閩商、粵商、晉商等。這種情況的發生，正是商品經濟發展、全國市場連繫密切的重要表現。

第二節 ▶ 「如隨陽之雁」的明代江西商人

一　江西商人的地域分布

　　經元末明初政府的強制與提倡，加上人口對田地壓力的加重、賦稅徭役的日增，而江西的流動人口又往往挾一技之長，從而使得江西人口流向湖廣乃至川、黔、滇、豫的風氣更為盛行，而且在他們當中造就了大量的工商人口。江西人口流動不僅僅是地域的變遷，而且是職業的變遷，是「作客」，即從事手工業或商業活動。而江西商品經濟較為發達的吉安、撫州，其士大夫的得意之情也溢於言表。明中葉吉安彭華說：「（吾鄉）商賈負販遍天下。」[30]明末撫州艾南英說：「隨陽之雁猶不能至，而吾鄉之人都成聚於其所。」[31]

29　《古今圖書集成・方輿彙編・職方典》卷一二二三《岳州府部・風俗考》。

30　同治《吉安府志》卷二《風俗》。

31　艾南英：《天傭子集》，卷九《白城寺僧之滇黔募建觀音閣疏》。

至明代，江西商人無論從其人數、規模，還是活動範圍來說，均超過前代。如南昌府南昌、豐城、進賢：「商賈工技之流，視他邑為多。無論秦蜀齊楚閩粵，視若比鄰。浮海居夷，流落忘歸者十常四五。故其父子兄弟夫婦，有自少至白首不相面者，恆散而不聚無怨語也。」又南昌縣地窄民稠，多以手藝教書為生，趁食四方，南北要途，居輒成市，名曰「南昌街」[32]。臨江府，「地狹而庶仰食旁郡，或棄農遠服賈」[33]。清江縣商人「或棄妻子徒步數千里，甚有家於外者，粵吳滇黔無不至焉，其客楚尤多……窮家子自十歲以上即驅之出，雖老不休」。[34]建昌府南城「民尚通而善賈，樂為遠遊」[35]。九江府彭澤縣「民習經商」[36]。嘉靖中鄭曉作《地理述》稱：江西之民，「不務稼穡，至有棄妻子以經營四方、老死不歸者」[37]，說明江西商賈懋遷已是普遍而非零星現象，其足跡遍及全國以至域外。

與江西毗鄰而又地域遼闊的湖廣，既是江西移民的主要移居地，也是江西商人的主要活動地區。《古今圖書集成》敘述了武昌、漢口、漢陽的繁華：「五方雜處、商賈輻輳，俱以貿易為業，不事耕種。」[38]往來貿易者趾接踵、肩相摩，正是江西商人

---

32 萬曆《新修南昌府志》卷三《風土》。
33 嘉靖《臨江府志》卷一《郡域志》。
34 崇禎《清江縣誌》卷一《風俗》。
35 正德《建昌府志》卷三《風俗》。
36 嘉靖《九江府志》卷一《方輿志・風俗》。
37 光緒《江西通志》卷四八《輿地略》引。
38 《古今圖書集成・職方典》卷一一三〇《漢陽府部・風俗考》。

的聚集之處。徐世溥《榆溪集選・楚游詩序》說，江西商人到武漢，猶如跨門過庭。鹽、當、米、木材、藥材、花布，在漢口稱六大行業，皆有江西商號，尤其是藥材業，幾乎被江西清江商人壟斷。瀕臨洞庭湖的岳州府，民戶多以漁業為生，而「江湖漁利，亦惟江右人有」[39]。地處南北衝要的長沙、衡陽，商賈彙集，也「以江西人尤多」[40]。明代興起的竟陵（今湖北天門縣）皀角市，居住著大約三千人口，本地人僅為十之一，均從事耕作，而十之七來自江西，絕大部分是商賈之家。[41]地處湘黔邊境的會同、洪江，鄂西的鄖陽、鍾祥，也有大量江西商人。[42]故明代以來湖廣地區流行著「無江西人不成市場」[43]的民諺。

地處西南人口稀少的雲南、貴州、四川，是江西商人活動的又一主要地區。王士性在萬曆時為雲南騰沖兵備道，耳目所及，在雲南居住的人口，多是江西人，特別是江西撫州人。開始以為他們只是在城市從事商業活動，後來發現，只要是有村落的地方，不管是漢人居住區，還是少數民族區，都有江西商人。因而有這樣的結論：「滇雲地曠人稀，非江右商賈僑居之，則不成其

39　《古今圖書集成・職方典》卷一二二三《岳州府部・風俗考》。

40　《古今圖書集成・職方典》卷一二一〇《長沙府部・風俗考》、卷一一四九《衡州府部・風俗考》。

41　李維楨：《大泌山房集》卷八七《劉處士墓志銘》。

42　《古今圖書集成・職方典》卷一一六〇《鄖陽府部・風俗考》。

43　白眉初：《中華民國省區大全・湖南省志》，轉引自傅衣淩《明代江西的工商業人口及其移動》，載《明清社會經濟史論文梨》人民出版社一九八二年版。

地。」[44]撫州艾南英則說，其鄉「富商大賈，皆在滇雲」[45]。據《皇明條法事類纂》，明成化時，僅雲南姚安軍民府（今雲南楚雄族自治州西部）就有江西安福縣、浙江龍游縣商人三、五萬人；臨安府也有許多江西商賈。[46]在貴州的江西商人也接踵於道、同賈於市。《黔南職方紀略》說貴陽的商人多為江西籍。鎮遠府、松桃廳等地，江西商人也甚多。[47]由荊湖溯江而上，四川的夔州、重慶、敘州諸府，乃至岷江上游的松潘，涪江上游的梓潼，均有江西商人活動的記載。在有文字記載的四川省一〇一州縣及成都、重慶二府的外省商人會館，江西會館多達二百餘處。既有以「萬壽宮」、「真君宮」、「許真君宮」、「軒轅宮」為名的全省會館，也有以「文公祠」、「五侯祠」（以上吉安府）、「洪都祠」、「豫章公館」（以上南昌府）、「晏公廟」、「蕭公廟」、「仁壽宮」、「臨江公所」（以上臨江府）、「昭武公所」（撫州府）為名的各府會館。還有各縣的商人會館，如安福會館、泰和會館（觀音閣）等。[48]明憲宗成化十年，刑部因大批江西商人攜帶絹布、火藥等物湧入四川少數民族地區交易銅鐵、聚眾開礦，要求明令禁止。[49]

44　王士性：《廣志繹》，卷五《西南諸省》。

45　艾南英：《天傭子纂》，卷九《白城寺僧之滇黔募建觀音閣疏》。

46　《皇明條法事類纂》卷一二《雲南按察司查究江西等處客人躲住地方生事例》。

47　羅繞典：《黔南職方紀略》，卷六《銅仁府》。

48　何柄棣：《中國會館史》，第五章《會館的地理分佈》。

49　《皇明條法事類纂》卷二九《江西人不許往四川地方勾結夷人、訐告

福建、兩廣，也遍布江西商人的足跡。明代學者王世懋發現，福建建陽、邵武、長汀等地居民的口音與江西口音相似，一經詢問，原來這裡有大量江西商人的活動與入籍。[50]以盛產武夷茶著稱的建寧府為例，茶農茶商幾乎都是江西人，每年早春二月，總有數十萬江西人來到這裡，「筐盈於山，擔接於道」。[51]廣東潮、惠等地棉紡業所需棉花，有一半左右靠江西商人從饒州、南昌等府運來，吉安布商有在廣州、佛山等地設立「粵莊」者。[52]連州、高州等地則有不少關於江西商人施放子母錢的記載。[53]廣西桂林、柳州、潯州、太平、鎮安等處，江西鹽商、木材商、藥材商活動頻繁。尤其是梧州，居左、右江匯合之要津，百貨往來，帆檣林立，江西商人在這裡所開商號有百十家。[54]

地處中原的河南及北方各省，同樣遍布江西商人的足跡。早在明宣德十年，河南南陽知縣李桓圭上書明廷，說該地有許多江西商人，放貸生息，累起詞訟，要求申明禁約。[55]正統十四年，河南布政使年富甚至要求盡驅當地的江西移民，尤其是江西商人。[56]河間府的瓷商、漆商，宣化、登州等地的書商、巾帽商

私債例》。

50　王世懋：《閩部疏》（不分卷），《明清史料彙編初集》，臺北文海出版社一九七三年版。

51　何剛德：《撫郡農產考》卷下。

52　冼寶干等：《佛山忠義鄉志》。

53　《古今圖書集成·職方典》卷一三五七《高州府部·風俗考》。

54　《古今圖書集成·職方典》卷一四三三《梧州府部·風俗考》。

55　《明英宗實錄》卷五，宣德十年五月丙申。

56　《明英宗實錄》卷一八四，正統十四年十月辛亥。

等，也「皆自江西來」[57]。陝南山區，歷來是流民彙集之處，江西流民多從事工商業活動。[58]

北京是明代全國的政治經濟中心，張瀚《松窗夢語》說：「今天下財貨聚於京師，而半產於東南，故百工技藝之人亦多出於東南，江右為夥，浙（江）、（南）直次之，閩粵又次之。」[59] 據統計，明代各地在北京的會館見於文獻者有四十一所，其中江西有十四所，占百分之三十四，居各省之首。[60] 從現有記載看，明代江西在北京的會館最晚在永樂時已經出現。乾隆《浮梁縣誌》說：「（本縣）京師會館二所。（其一）在北京正陽門外東河沿街，背南向北；其一在右，明永樂間邑人吏員金宗舜鼎建，曰『浮梁會館』。」[61] 其他如最遲始建於嘉靖中期的南城會館，創建於嘉靖中期的廣信府永豐縣（清雍正時改廣豐縣）會館等。這些會館，有相當數量為商人所建或士商合資共建。

南直、浙江，是明代商品經濟最為發達的地區，徽商在這裡有相當大的勢力，但江西商人也十分活躍。揚州為江淮百貨的集散地，商賈接踵摩肩，據萬曆《揚州府志》，在揚州的各地商

57　《古今圖書集成・職方典》卷一一五《宣化府部》、卷二七八《登州府部》。

58　嚴如煜：《三省邊防備覽》，卷一一《策略》。

59　張瀚：《松窗夢語》，卷四《百工紀》。

60　呂作燮：《試論明清時期會館的性質和作用》，載南京大學歷史系編《中國資本主義萌芽問題論文集》，江蘇人民出版社一九八三年版。

61　乾隆《浮梁縣誌》卷七《建置志》。

人，以徽商最盛，其次則是陝商、晉商和江右商。[62]江北的盱眙、泗州，江南的南京、蘇州、松江及浙江的杭、衢、婺、處諸府，也均有江西商人列鋪坐賣，或輾轉販運。馮夢龍《醒世恆言》說江西進賢人張權在蘇州開木作[63]，張應俞《杜騙新書》開篇也說「江西有陳姓慶名者，常販馬往南京承恩寺前三山街賣」，雖屬小說家言，卻反映出江西在蘇州、南京從事工商業者大有其人。《松窗夢語》卷二載，安徽盧陽「尤多藥物，江南、江右商賈咸集聚焉」。盛產藥材的山區，成為江西清江藥商的重要採購點。浙江山區多產藍靛、苧麻、紙張，江西商人亦深入山區採購。[64]

　　極邊如遼東、甘肅、西藏乃至徼外異域，江西商人也攜貨往返，乃至娶妻生子、至死不歸。景德鎮瓷商往往遠涉重洋，出海貿易。永樂時，有「饒州人」程復以琉球國中山王長史的身分與明朝使者接觸。據史料記載，程復是明初經商至該地定居的，很可能是景德鎮瓷商。[65]嘉靖時，明廷命「浮梁客」汪宏等人隨外商船隻出海採買香料，這汪宏等人也應該是經常出海貿易的茶商或瓷商。南城、萬安等處商人蕭明舉等經商至滿刺加（今馬來西亞馬六甲州），到武宗正德時，以該國通事的身分到北京公幹，但不改舊習：「伴送進貢番夷，道殺其數人而私（購）貨財，為

62　萬曆《揚州府志》卷一《風俗》。
63　馮夢龍：《醒世恆言》，卷二〇《張廷秀逃生救父》。
64　《古今圖書集成・職方典》卷一〇一三《衢州府部・風俗考》。
65　《明太宗實錄》卷一一五，永樂九年四月癸巳。

邏者所得。」[66]王士性在萬曆時曾派人巡視緬甸，使者行程近萬里，歷時兩個月，回報說只要有居民點，其頭目往往就是江西撫州人，這些「撫人」又多為經商至此而定居的。[67]

二　江西商人的社會構成與資金來源

江西商人的社會構成

謝肇淛《五雜俎》說：「天下推纖嗇者，必推新安與江右。然新安多富，而江右多貧者，其地瘠也。新安人近雅而稍輕薄，江右人近俗而多意氣。」又說：「仕宦諺云：『命運低，得三西。』謂山西、江西、陝西也。此皆論地之肥磽，為飽囊橐計耳。江右雖貧瘠，而多義氣，其勇可鼓也。」[68]張瀚說：「（江西）地產窄而生齒繁，人無積聚，質勤苦而多貧，多設智巧，挾技藝以經營四方。」[69]王士性說：「江右俗力本務嗇，其性習勤儉而安簡樸，蓋為齒繁土瘠，其人皆有愁苦之思焉。」[70]

他們都說到江西人的一個特點：「貧」。陳循在論及江西科舉之盛的原因時，也將其歸為「蓋因地狹人多，為農則無田，為商則無資」。由此也可以看出明代江西商人構成的基本特徵：貧者。具體地說，大致有以下種類型。

66　陳洪謨：《繼世紀聞》，卷三。
67　王士性：《廣志繹》，卷四《江南諸省》。
68　謝肇淛：《五雜俎》，卷四《地部二》。
69　張瀚：《松窗夢語》，卷四《商賈紀》。
70　王士性：《廣志繹》，卷四《江南諸省》。

其一、棄農經商者。在有關資料中所見到的明代江西商人中，有百分之六十以上是家境貧寒的農家子弟，他們因為生計的拮据而棄農經商。

　　在這類商人中，有的是因父母早歿、家貧無以為生而負販經營的。如廣豐周維新，「三歲失怙，母又他適，顯貧無依，遂寄食於姊婿家」，成年後，獨自外出經商，致「薄有貲財」[71]。有的則是因為家貧而自覺承擔起養家活口責任的。如崇仁聶瓛，父母俱盲，家無蓄儲，於是「負煤炭鬻市，資為養度」[72]。還有的則是在父母或妻妾的勸說下棄農經商的。如豐城徐文豹，「父早歿，以家無恆產，母命販湘楚」[73]。清江縣的窮家子弟，「十歲以上即驅之出，雖老不休」[74]。

　　這些貧家子弟，都是從小就參加各種勞動，故稍長即能獨謀生計。如豐城熊登軌，幼孤家貧，始與兄「賣薪養母」，長則「負販入蜀」[75]。其始之賣薪，實為稍長之遠涉負販作了準備。

　　其二、棄儒經商者。在有關資料中所見到的明代江西商人中，約有百分之二十的屬棄學經商者，他們又可分成以下幾種情況：

　　一是因為家貧無力業儒，改而從商。與棄農經商者相同，他

71　同治《廣豐縣誌》卷八《孝友》。
72　光緒《撫州府志》卷六三《孝友》。
73　道光《豐城縣誌》卷一四《孝友》。
74　崇禎《清江縣誌》卷一《風俗》。
75　同治《豐城縣誌》卷十四《孝友》。

們有的是自己主動棄學經商，承擔起養家活口的責任，有的則因家人勸說，不得已而為之。如泰和蕭朝賞，「始嘗戮力舉子業，既脫穎，足進取，尋以家累棄之」，出而治生。[76]贛縣藍玉田，「幼明敏好學，年十八，失怙，以母老家貧，棄儒業賈」[77]。更為典型的例子是吉水人周松岡。松岡「總角失怙，與兄業儒，弟才數歲，母寡居，力不給」，乃「自計曰：『使予而儒，母氏劬劬；使予而商，身劬母康，吾何擇哉！』遂棄儒，獨力走楚之漢川，貸人子母錢，居奇化滯。久之，諸用漸舒，兄、弟卒業儒，弟、妹婚嫁咸有倚。」[78]「使予而儒，母氏劬劬；使予而商，身劬母康。」這句由著名學者羅洪先總結出來的金玉良言，為千百萬寒士指出了一條謀生之路。

二是世代業儒，苦於久無中式顯露者，家道日落，祖、父輩又拘於「恥為末」、「諱言利」的信條，放不下業儒的架子，或者無從事生計的能力，於是讓子孫輩棄儒經商。如安福劉禮教，「家故貧，父以顯、兄禮端，守一經饔飧不給。禮教年十三，為傭以資薪水，後服賈於楚」[79]。再如新城陳以汧，「困諸生三十年，貧甚」，終命其子世爵習賈，「貿遷於吳楚閩越燕齊趙魏間」，積貲巨萬。[80]同邑鄧洪道亦困於諸生，家事清貧，遂命子

76　胡直：《衡廬精舍藏稿》，卷二六《蕭小峰處士墓誌銘》。
77　同治《贛縣誌》卷三九《善士》。
78　羅洪先：《念庵集》，卷一六《莨嶺周君松岡墓誌銘》。
79　同治《吉安府志》卷三五《孝友》。
80　同治《新城縣誌》卷一〇《善士》。

世侃外出，「以服賈起家」[81]。

　　三是科場偃蹇，遂主動棄而為商。如清江楊之陵，「幼習舉子業，惜數奇而屢躓，爰跡湖海，仿陶朱公謀略，自是而家有起色」。[82]貴溪項林皐，「中年廢學，以服賈游吳越荊襄間」。[83]新城孔昭文，「少讀父書，長游太學，恥囿鄉曲也，往往挾貲走燕、楚、吳、越之疆」。[84]又豐城李鐘詰，繼承家學，一心要金榜題名，但文運不佳，家境又日漸衰落。經過反覆衡量，鐘詰自己仍放不下士人的身分，便讓兩個兒子去漢口經商，家道中興，於是捐貲讓孫子鴛化進了國子監。鴛化不負眾望，中了進士，鐘詰也因此被贈予「文林郎」的虛銜。這一家可說是「曲線」業儒、以商養士的典型。[85]

　　一方面，科名難求、仕途艱進使人們視科舉為畏途；另一方面，商品經濟的衝擊和誘惑卻使千百士子獲得了「恥囿鄉曲」的最佳途徑。因而，當他們「不得志於時」，則「往往從事貿易以自適」[86]。成化、弘治以後的江西特別是江西的科舉大府吉安、南昌等地進士數量的銳減，與當時江西的人口流動及由此而導致的普遍性棄學經商之風是有直接關係的。

　　其三、繼承父、兄產業者。他們大多自幼即隨父兄習商，積

81　同治《新城縣誌》卷一〇《孝友》。
82　光緒《清江楊氏五修族譜》下卷《楊公偉明先生暨元配徐儒人墓表》。
83　同治《廣信府志》卷九之五《孝友》。
84　魏禮：《魏季子文集》，卷七《孔昭文五十序》。
85　道光《豐城縣誌》卷一〇《孝友》。
86　光緒《清江香田聶氏重修族譜》上卷《太學兄聶安齋先生傳》。

累了一定的從商經驗，至自持籌，亦多能張大祖業。如臨川鄧理
幼年隨父行商川中，父歿，克承父業，家益饒。[87]會昌何緒，「善
治生產，於其父業贏數十倍」[88]。新城鄧兆馨，「（父）以服賈勤
瘁起家，馨繼父業，擴舊產數十倍」[89]。這些都是較為成功的例
子。當然，也有子侄不善經理而致家業敗耗者。如豐城郭錦，
「父嘗行賈吳越間，致饒裕，以貲授君（錦），使習賈」。但郭錦
「雅不喜賈，又不善權子母低昂」，致使乃翁苦心經營所獲貲貨
耗羡殆盡。[90]

江西商人的資金來源

從江西商人的社會構成中可以看出，無論是棄農經商還是棄
學經商者，大都為家境貧寒所迫，因此，借貸也成為江西商人最
主要的資本來源。清人魯仕驥即說，新城「為商賈者多假貸為
生」[91]。實際上靠「假貸為生」的遠不止是新城商人，而是十分
普遍的現象。前文所說的會昌曾文茂、吉水周松岡，都是靠借貸
才得以經營的。再如臨川戴衍，有親戚假其重貲，往廣東經商。
數年後本息合計達六千餘金。[92]這是所見到的江西商人中數額較
大的一次借貸。又如，東鄉王曙斗，有「戚某負其父千金不能

87　同治《臨川縣誌》卷四六《善士》。
88　歸有光：《何長者傳》，同治《會昌縣誌》卷三一《藝文》。
89　同治《新城縣誌》卷一〇《善士》。
90　嚴嵩：《鈐山堂文集》，卷三一《明故封翰林院檢討郭君墓誌銘》。
91　魯仕驥：《山木居士外集》，卷一《中田保甲圖說》。
92　同治《臨川縣誌》卷四六《善士》。

償，曙斗還以券」[93]。豐城熊作賓棄儒而賈，「累橐金盈億，客次好扶植同侶。有劉某貸金千，折閱。復予之，劉卒獲三倍利」[94]。崇仁謝廷思服賈蜀、楚、閩、廣間，二十年中資累鉅萬，「捐貲四千緡以貸商。約三歲，息千緡」[95]。

　　以上所列舉均為本息逾千的大數額的借貸，但更多的則是數額在百十兩間的借貸。如新城饒大俊因賈致富，曾貸給某布行「金數百」[96]。同邑鄧兆齡貸給同鄉黃某三百緡，「越歲，信杳。他日，遇之途，稔知為舟覆貲傾狀。復予以金。不數月，（黃）獲利息而歸」[97]。南昌萬維佐「少貧讀書，無以資館穀。乃棄去，入市肆，從人假百金貿易」[98]贛縣郭廷佐向親戚借得白銀五十兩，購貨貿易。[99]這種規模的借貸在江西商人中仍屬可觀。更有甚者，如奉新岳正光，父母雙亡，家貧，「至不能舉火，乃棄舉業，向筆肆貸筆十管，售錢數十文」，從此開始了他的經商生涯。[100]

　　明代江西商人借貸的一般情況是：

　　一是借貸主要在同鄉、鄰里特別是親友間進行。個別的還有

93　同治《撫州府志》卷六七《善士》。
94　道光《豐城縣誌》卷一七《善士》。
95　同治《撫州府志》卷六八《善士》。
96　同治《建昌府志》卷八《善士》。
97　同治《新城縣誌》卷一〇《善士》。
98　同治《南昌府志》卷四八《孝友》。
99　同治《贛州府志》卷五六《善行》。
100 同治《南昌府志》卷四八《孝友》。

以地方官府為借貸對象的。如德化鄭報谷棄儒業賈後，「獨力借公款錢三百緡」，開通縣城西市集。[101]

二是借貸雙方，一般立有文契，講求貸還信譽。還貸結息時，須交驗雙方文契。如有逾期違契拖欠者，則可告官追繳。如萬安戴承霖，「自蜀扶父櫬歸，過武昌，聞故友楊越芳負商銀數百兩，官追嚴急，即傾父遺財代還」[102]。關於江西商人借貸活動的法律保護問題，《皇明條法事類纂》有一則材料頗為典型：

天順二年，刑部奏准：今後江西客人在湖廣等處買賣生理，有因負久錢債等情應許告理者，止於所在官司陳告，即與准理。若不候歸結，輒便赴上司及來京訴告者，一體依律問罪。重則照依見行所告詞訟，不問虛實，俱各立案不行。……若有倚勢習潑，添捏重情，並不干己事，募越赴京奏告，一體依律問罪，斷髮原籍當差。所告情詞，不問虛實，俱各照立案不行。[103]

這則材料一方面說明了借貸違契者可能被原主告官追究，另一方面也說明，江西商人的借貸活動缺乏足夠的法律保護。但是，從上述材料中我們仍然可以看出借貸活動的普遍性和法律化的事實。

除高利貸外，借貸年息一般不超過百分之十，貸息較輕。如

---

101 同治《德化縣誌》卷三九《善士》。
102 同治《萬安縣誌》卷一四《善行》。
103 《皇明條法事類纂》卷三八《江西客人各處買賣奏告情詞立案不行》。

前述崇仁謝廷思貸某商銀四千緡，三年後，計息千緡，利率還不足百分之九。

除借貸外，江西商人的資本來源還有以下幾條途徑：

一是傭工於大戶富室，積累資金。一些開始也是困於家計、不得不傭工於富家大戶的農民，稍獲微貲，即轉而自謀生理。如金溪邱紹庭家素貧，傭力富家，後竟得以「開炭店於浙之常山」[104]。樂安龔濱七，初「傭工郡城茶肆」，積有餘財，即「鬻府營生」，後更往來撫郡貿易。[105]金溪李先誠，幼傭工於同邑周進士家伴讀，稍長辭去，賈於陝西漢中、西安等地。[106]同邑黃應龍，「書券傭身於富室」，弟應鳳乃得遠客滇黔。[107]

二是力田致富，將農業利潤轉化為商業資本。能夠通過這種途徑獲得資金而從事商業活動者，既有經營性地主，也有善於經營的個體農民。有的獲「千金、數百金之產，輒張一肆以逐什一之利」[108]，有的則稍有積累，即從事商業。如會昌蕭敏紀種植，稍得余貲，即貿易蜀中，「自是資漸饒」[109]。瑞昌陳秀元初力田，「一切家事，經紀有方，日漸豐厚」，由是貿易陝西，「腰纏萬貫」[110]。清江楊余盛棄舉業後，與兄泰臣、弟體臣業農，經營

---

104 同治《撫州府志》卷六八《善友》。
105 同治《撫州府志》卷六八《善士》。
106 同治《撫州府志》卷六八《孝友》。
107 同治《撫州府志》卷六八《孝友》。
108 魯仕驥：《山木居士外集》，卷三《送邑侯李任庭先生序》。
109 王驥：《蕭理行翁行述》，同治《會昌縣誌》卷三一《藝文》。
110 同治《九江府志》卷三八《孝友》。

日用，並「勤苦市廛，稍得贏餘」，乃從事長途販運，於是「家道漸隆起」[111]。

三是將教書授徒所得，轉化為商業資本。如南城單章，「少讀書，設教鄉裡，家給耗繁，計非寸管所克支，遂以上捨生涉賈……累金萬鎰」[112]。新建夏德潤，「孤而傭書……將所積館谷金遙寄堂叔之在豫省」者，作為經商的本錢。[113]湖口蔡潮，不屑俗事，專意授徒，卻以所入助其兄經紀，販賣致富。[114]金溪李應科在家設教授徒，弟賈於外，「數虧負，歲寄館谷資之」[115]。夏德潤等人雖然不是自己經商，但他們授徒所得轉化為商業資本卻是沒有疑問的。

四是「小買賣而至大開張」。這是江西商人資金的又一個重要來源，實質上，又是其原始積累的過程。明代江西地區的商業活動，很大程度上是以當地物產為依託，主要表現為農產品的商品化。不少江西商人正是通過這種小販小賣積累資金，轉而「大開張」的。如瑞昌董伯益，「以漁樵為業」，積累了一定的資金，乃遠商吳楚間，家至萬金。[116]玉山王允聰，「弱冠，負販營生。及壯，與兄商開宏盛煙作，貿易姑蘇……累貲巨萬」[117]。豐城呂

111 光緒《清江楊氏五修族譜》下卷《敬庵公墓誌銘》。
112 同治《南城縣誌》卷八之五《義善》
113 同治《南昌府志》卷四八《孝友》
114 同治《九江府志》卷三八《孝友》
115 光緒《撫州府志》卷六三《孝友》。
116 同治《九江府志》卷三九《善士》。
117 同治《玉山縣誌》卷八《善士》。

仕麟，起初是「負販自給，既豐於財」，乃作遠行計。[118]類似之例，不勝枚舉。

五是繼承家庭、家族的資產。凡出身於商人家庭者，其資金大多來源於家產。如金溪王嵩一，祖舊賈貴陽，嵩一承家業，以例貢生服賈，「居滇十餘載，積數千金」，旋復賈漢口。[119]王嵩一的資金來源，在江西商人中無疑也具有一定的代表性。如前文提到的臨川鄧理、南豐趙宜饌、新城鄧兆馨、鄧兆齡、會昌何緒、新干習源雄、豐城郭錦等，均屬於這一類型。

六是集資。新城陳世爵自言：「吾昔賈吳城歸，舟覆，沒其資，念皆受人所付託，歸無以見人。……歸與與金者約曰：『吾不幸罹此，必悉家所有以償。不足，以傭終之。』皆曰：『君豈欺人者？』復假以數千金。」[120]陳世爵的這番自述，清楚地表明，其資金既非貸於大戶、親友，也非繼承家業，而是「與金者」們湊集而來，即來自於集資。

以上借貸、傭工、力田、授徒、小本積累、繼承家產、集資，是明代江西商人資金的基本來源，也是一般商人獲取資金的通常途徑。

118 道光《豐城縣誌》卷一七《善士》。
119 同治《撫州府志》卷六八《善士》。
120 同治《新城縣誌》卷一〇《善士》。

三 江西商人的經營行業與經營方式

經營行業

如前所述，明代江西商人的經商活動，一般都是以本地農副產品及土特產品為起點，所謂「以小買賣而致大開張」，因此，主要的商業行業也多以本地物產為依託，同時，也從外地販運本地所需商品。前文所列舉的所有行業，江西商人都有經營。此外，還應提及的是，明代江西商人中數量眾多的雜貨商以及江西商人在雲南礦業中的重要地位。

一方面是商人的行業分工日趨明顯，另一方面則是許多江西地區的中小商人仍挾小本，收微貨，走州過府，隨收隨賣，操業甚雜，只要有微利可圖之物，都可成為他們經銷的商品。如樂平小販將當地所產的煤炭、石灰、青靛、甘蔗、燒酒等，「車載人拉」，「往來吳楚市場」。浮梁縣民項鑑書，更是「在鎮而陶，在村而漁，入山而販木，傍水而業竹」[121]。於是有了雜貨商。徐珂《清稗類鈔・農商類》說：「有設肆陳列百物以待售者，飲食服用之所需，無論貧富皆所宜，曰雜貨店，亦曰一料店，大抵以僻左之村鎮為多。」這個行業具有投資少、資金流動快、城鄉居民不可或缺等優勢，正適應江西商人小本經營的特點。李維楨《贈胡翁序》說明代江西商人胡某，在湖廣承天府竟陵縣經商，實為資金較為雄厚、經營範圍較廣的雜貨商：「豫章人眾而地迫隘，即名家名田，不能逾百畝。翁乃西遊楚，至竟陵，樂其土風，而

---

121 同治《饒州府志》卷三《風俗》、卷二三《善士》。

卜築焉。舟車之所轉輸，鼇肆之所居積，耒耜之所耕植，機杼之所織紝，錢刀果布，輻輳其門，而翁遂與千戶封君比入矣。」**122**

明初行鈔法，其後錢鈔並行而以錢為主，至中葉，由於鑄錢用銅的緊缺及商品經濟的發展，白銀成為主要的流通手段。明政府出於對貨幣控制的需要，一方面對金、銀、銅諸礦的私人開採有嚴厲的禁令，另一方面則不斷加大政府開採的規模。江西銀礦匱乏，開採的礦產，主要是銅、鐵、鉛等有色金屬及煤炭。明初銅場，僅江西德興、鉛山二處，其後，四川梁山，山西五台，陝西寧羌、略陽，特別是雲南楚雄、大理、永昌、曲靖、姚安等地，發現了較富的銅礦，銅礦的開採中心，遂轉向雲南。**123**

需要指出的是，雖說明代銀、銅、鉛、水銀等礦業的主要開採地在雲南，但在雲南從事開礦、冶煉的，卻多是江西商人。在某種意義上說，正是江西工商人口的向西南流動，才逐漸發現雲南豐富的礦產資源；也正是因為以江西商人為主體的商人投資，才使雲南成為當時全國的礦冶中心。

明成化、弘治時編撰的《皇明條法事類纂》記：

成化十年八月初九日，刑部題為地方夷民被害事。該四川等處承宣布政使司烏蒙軍民府土官知府實丹等奏，……江西人民將帶絹尺火藥等件，指以課命，前來易賣銅鐵，在彼娶妻生子，費

122 李維楨：《大泌山房集》，卷四八《贈胡翁序》。
123 《明史》卷八一《食貨志五・坑冶》。

用盡絕，糾合西川糧大、雲南逃軍，潛入生坳西番帖帖山投番，聚集八百餘人，稱呼「天哥」，擅立官聽，編造木牌，煎銷銀礦，偷盜牛馬宰殺，惟恐致生邊患。……通行江西都、布、按三司，各行所屬府衛所，今後軍民人等告給文引出外生理，務要明白問寫，將帶是何貨物，前去某某處地面買賣，定限回繳，不許填寫邊夷地方。又四川並雲南、貴州、廣東、廣西都、布、按三司轉屬府縣衛所及把隘關津等處衙門，一體遵守。遇有江西客人經過，或來生理，盤驗是實，聽從依限回還。若故違半年之上，並夾帶違禁物貨，似此生事擾人者，拿送所在官司究問如律，違禁物貨入官，獨坐遞解原籍官司收查發落，不許知情故縱。如有告訐夷人私債等項詞訟，各衙門不許受理。[124]

沈德符《萬曆野獲編》說：

今開礦遍天下，生民罹其毒。說者以始禍歸罪張新建相公（位）。因考永樂十三年……時胡文穆（廣）當國，江西之吉水人。成化十年……時彭文憲（時）當國。彭亦江西之安福人。[125]

《明史‧食貨志》也說：

---

124 《皇明條法事類纂》卷二九《江西人不許往四川地方勾結夷人、訐告私債例》。

125 沈德符：《萬曆野獲編》，卷二《列朝‧礦場》。

萬曆十二年，奸民屢以礦利中上心。諸臣力陳其弊。帝雖從之，意快快。二十四年，張位秉政，前衛千戶仲春請開礦，位不能止。開採之端啟，廢弁白望獻礦峒者日至，於是無地不開、中使四出。[126]

上述記載從兩個方面論及江西商人與明代礦冶業的關係：一、明代在雲南、四川、貴州及湘西經營礦業者，大多為江西商人。二、江西籍在朝官員特別是當政者，也不斷為同鄉商人提供政策上的方便。[127]

成化年間，御用監太監錢能鎮守雲南時，雲南永昌生產出了一種「料絲燈」，以紫石英、赭石等礦物質為原料，主要是江西商人在這裡進行開發和經營。清檀萃《滇海虞衡志》說：「料絲燈出永昌，言取藥料煎熬，抽絲織之為燈，故曰料絲。其藥料則紫石英、鈍磁、赭石之屬，不一類也。始出於錢能，以此進上，不使外人燒造。能去，始習為之；顧更精，長大幾二三倍，價其昂。燒造者死，其子傳其法，人競燒之。江西人以販於京師，料絲燈遂多。……宦遊者罔不取之。」[128]從中可以看出江西商人在雲南礦業中的地位。

126 《明史》卷八一《食貨志五‧坑冶》。
127 從某種意義上說，胡廣，彭時、張四維是在維護江西商人的利益。但其片面性也是不言而喻的，開礦乃社會需求，政府禁采也自有盜者。而且，說永樂十三年至十五年是胡廣當國，更屈無棺。從中可見當時士大夫對江西人的看法，也可印證江西人對開礦的熱情。
128 檀萃‧《滇海虞衡志》，卷五《料絲燈》。

錢能鎮守雲南的成化時期，王恕以僉都御史的身分巡撫雲南。《明史‧王恕傳》載：「（王）恕居雲南九月，威行徼外，黔國以下咸惕息奉令。疏凡二十上，直聲動天下。當是時，安南納江西叛人王姓者為謀主，潛遣諜入臨安，又於蒙自市銅鑄兵器，將伺間襲雲南。恕請增設副使二員，以飭邊備，謀遂沮。」這裡所說的「江西叛人」王某，很有可能就是在雲南蒙自的江西撫州籍礦商。他在蒙自「市銅鑄兵器」，說明蒙自產銅之盛。而江西商人在蒙自的經營，一直延續到了清朝後期。

經營方式

個體家庭的經營。在中國古代社會的經濟結構中，自然經濟和商品經濟具有明顯的同一性和互補性，商品經濟與自然經濟之間，商業經營方式與家庭、家族內部的分工之間，有著必然而廣泛的連繫。同時，商人的經營方式又決定於商品的種類、商業資金的多寡及經營規模的大小。由於明代江西商人大多是因家境所迫的棄農經商或棄學經商者，他們攜一介土產，小本經營，負販往來，以求養家活口；有的更是亦農亦工、亦農亦商，在農閒之際，或收穫之時，從事商品生產與商品交換。所以，江西商人最常見、最大量、最普遍的經營方式，乃是個體經營。而整個家庭，則是以農為本，以商補農。於是，男子外出經商、妻子持家務農，或父兄外出、子弟持家，就成為江西商人家庭的基本分工。

江西地方誌記載了大量丈夫常年在外經商，妻子居家侍舅姑、撫孤幼的事例，王士性說江西「大荒無飢民，遊子無內顧」，就是因為有這些婦女在支撐著家庭。

也有父親經商兒子持家的。如東鄉王某，「商於金陵，以家事付（子）曙斗」[129]。崇仁黃二嚴，「父客外三十餘年，嚴事母孝，教幼弟皆成立」[130]。廣昌毛普聖，父親在外地經商，二十年無音訊，普聖奉母為生，後尊母命尋父，遍歷九江、長沙、武昌、寶慶、岳州，「卒得父於旅舍」[131]。

又有兄（或弟）經商，弟（或兄）持家者。如南昌劉元成，兄客湖南衡陽，元成「以館谷養父母」[132]。金溪李應科，「父歿時，三弟皆幼，提挈之，至於成人。弟賈於外，數虧負。（應科）歲寄館谷資之。又獨力支全家十餘口，不貽弟內顧憂」。樂安陳遵魯，兄外出經商，遵魯持家，「事寡母以孝聞」[133]。

還有的家庭則是父子、兄弟分頭外出，各自經營。如吉水周西岫經商江南，死於異地，其子亦服賈遠遊，竟不知乃父的死訊。[134]南豐王仁行商吳楚，其弟則坐賈廣西。[135]南昌劉善萃「服賈漢口」，其兄則「羈旅滇南，久無音耗」[136]。這類現象，多半發生在一些勞動力較為充裕的家庭。

而另一些家庭，則往往是父子、兄弟共同外出經商，其經營

129 光緒《撫州府志》卷六七《善士》。
130 光緒《撫州府志》卷六三《孝友》。
131 同治《建昌府志》卷八《孝友》。
132 同治《南昌府志》卷四八《孝友》。
133 光緒《撫州府志》卷六五《孝友》。
134 光緒《吉安府志》卷三五《孝友》。
135 同治《建昌府志》卷八《善士》。
136 同治《南昌府志》卷四八《孝友》。

的規模自然更大，活動範圍也更廣。如瑞昌陳秀元，「隨父貿陝西，腰纏萬貫」[137]。臨川張世遠、張世達兄弟，「家貧，貸貲買紙，互往漢口貿易。」兄弟二人作了分工：一人在家鄉收購紙張，兼顧家小，另一人則遠售漢口；如此交替進行，形成了簡單的購銷分工。玉山王允聰，兄弟三人，父母早逝，家境貧寒。兄弟三人借貸做起小本生意。常常是一人在家經營農田，二人在外經商，後來開起了宏盛煙作，往蘇州等地銷售菸草，「累資巨萬」[138]。王允聰兄弟實際上已經形成了生產、銷售一條龍的經營體制。這些都是父子、兄弟共同經商的例子。

此外，一些勞動力充裕、家產較富的大家庭，如果家長有心計、有權威，則往往在家庭內部實行較為合理的職業分工，以農副業支持商業，以商業擴大產業。如會昌歐陽振鑾，父亡之後主持家政，諸弟「或士或商，各安其業，無敢捨生以嬉者」[139]。金溪周氏為邑中大族，周坤主家時，「家范嚴肅，耕讀商藝，各職一業。食指贏千，無敢喧囂。」[140]這些都是家庭中有計劃分工的典型例子。其特點是「耕讀商藝」，各操一業，互相補充、互相促進。

獨自經商——父子、兄弟共同經商——家庭、家族的內部分工，「商、賈、農、藝」，各職一業，構成江西商人個體家庭經

---

137 同治《九江府志》卷三八《孝友》。
138 同治《玉山縣誌》卷八《善士》。
139 王驥：《歐陽臻和先生善傳》，同治《會昌縣誌》卷三一《藝文》。
140 光緒《撫州府志》卷六四《孝友》。

營方式的三個層次。無論是哪一個層次，都是以家庭內部其他成員無條件的資助和自我犧牲為前提和代價的。因此，對於大多數商人來說，首先要承擔的必然是對家庭的義務。這就部分決定了商業利潤的流向和出路。關於這方面的情況，將在下節進行討論。

結幫經營。徐珂《清稗類鈔・農商類》說：「客商之攜貨遠行者，咸以同鄉或同業之關係，結成團體，俗稱客幫。」這種情況在明代各地域商人中都比較普遍，而以徽商和江西商人特別突出。明末清初著名學者顧炎武說：「（徽商）遇鄉里之訟，不啻身嘗之，醵金出死力，則又以眾幫眾，無非亦為己身地也。近江右（西）出外，亦多效之。」**141**如徐珂所說，「客幫」實有兩種情況：一以同鄉為幫，稱「鄉幫」，為鬆散的個體商販的臨時結合體，也可視作臨時性的互助團體；二以同業為幫，稱「行幫」，多為某一城鎮中既是同鄉又是同行的商人團體，由於經濟利益的原因，具有相當的穩定性和頑強性。

作為個體商販的臨時性結合體，商幫是一種同鄉商人的互助形式，人數多寡不定。其中，有同幫同本與同幫不同本的區別。

同幫而不同本者，其特點是，同幫商販均有各自的資金、貨物，經營上完全獨立。但如有人虧折或發生意外，則眾人共同幫助。例如德化商人黃學宏，「運漕北上，適同幫喬氏兄弟虧糧，

141 顧炎武《肇域志》第三冊。

宏傾囊賠補」[142]。在江西商人中，有的家庭饒有田產，每年均有額派米穀漕運北上。在漕運稅糧的同時，挾帶私貨貿易，這不但已成慣例，而且也為政府所允許。黃學宏與喬氏兄弟夥同漕運，各自經營，同「幫」而不同「本」。所以喬氏虧損，與黃學宏沒有直接的利益關係。黃學宏的義務是作為同幫商人，對喬氏兄弟給予幫助。又如彭澤張寵遇挾貲賈於蘇北鹽城，「有同縣某賈六人因事坐系，為獄卒所苦，勢將瘐斃。（寵遇）百計營謀不得出，乃傾囊走百里，因同鄉官以巨金賄當路，卒免六人於難。」其中一人病死，寵遇又為其具棺木，扶柩歸葬[143]。下獄的六人為同幫商人是可以肯定的，或許也是同本，而張寵遇則只是同鄉或同幫。再如南昌胡哲啟，「服賈寶應，貨值千金，行戶竊售，不償價。客伴慫恿控官，不聽，垂囊而歸」[144]。這裡的「客伴」，也是同幫而不同本的商人，否則毋須「慫恿」，自行告官即可。《瑞州府志》記載的高安梁懋竹一例，更能說明客幫內部商人之間的關係：懋竹「嘗偕二友貿易，舟洞庭。夜半，盜挾利刃，索財甚急。（懋竹）傾囊與之。盜復向二友，竹紿之曰：『此吾兄弟耳。』盜遂去」[145]。梁懋竹與二友的關係也是同幫而不同本。

同幫同本者，其特點是，同幫商販的資金和貨物是共有的，他們共同經營，獲利則按出資或出力的大小進行分配，也可說是

---

142 同治《九江府志》卷三兒《善士》。
143 同治《九江府志》卷三八《孝友》。
144 同治《南昌府志》卷四八《孝友》。

145 同治《瑞州府志》卷一五《髯行》。

「合夥」經營。這種經營方式可以是暫時性的，一單生意結束便自行散夥；也可以是相對長期的，結成比較密切的共同經營關係。「同本」或「合夥」與股份有些相似，但還沒有發展到股份經營的程度。如南昌雷可權，「嘗與黃文魁同本貿易。甫二年，而文魁病故。可權經理醫藥埋葬，每歲必瞻其孤，且延師教之。比長，仍給二百銀助其生息」[146]。大庾劉永慶，「崇禎時與同邑易明宇往來貿易吳越間，頗相友善。歲壬午（1642 年），明宇病篤，以妻子相付託。永慶曰：『是吾分也。微子言，吾將恝然耶？』」不久明宇死，值丙午（康熙五年，1666）兵變，其家產亦焚毀殆盡，永慶遂「為其瞻妻子」，「己丑（康熙四十八年，1709）易妻死，殯葬之。其子若女婚嫁……皆竭力畢之。復分己產並僮僕給與，為終身計」[147]。由此可見，同本貿易雖然也多發生在親友、同鄉之間，但相互一般要承擔經濟上和道義上的責任。同時也可以看出在這種形式下，「同本」或「同夥」的雙方或數方主要是靠道德、友情的力量進行維繫，而缺乏比較嚴密的契約關係。因此，雖然可以列舉出上述較為融洽的例子，卻未見採用這種方式取得較大成功的典型。

主伙經營。明人沈思孝《晉錄》說：「其合夥而商者，名曰『夥計』。一人出本，眾伙共而商之。」這種主伙貿易即主人出資、僱傭夥計進行經營的方式，在明代山西商人中比較常見，在

---

146 同治《南昌府志》卷四八《孝友》。
147 同治《南安府志補正》卷五《質行》。

江西商人中也有表現，它是在個體經營、家庭分工協作經營，特別是結幫及同本經營的基礎上發展起來的，也是商品經濟特別是商業資本一定發展階段的必然產物。但在明代江西商人中，主伙關係的實質往往被親友關係、同鄉關係、同宗關係所掩蓋。在主伙經營中，一般有兩種形式。

一是主人僱傭夥計，共同經營。這本身就是商業雇工。這種夥計與臨時性的挑夫腳伕不同，他們有相對的穩定性，實則是主人在經營上的幫手乃至主管。王驥為會昌商人蕭敏紀作「行狀」：敏紀家貧，十四五歲就和兄維三為大戶做雇工。有舅父某經商至四川，在該處成家定居。因經營規模擴大，需要幫手，便寫信給敏紀的父母，請他們讓一個兒子到四川幫忙。結果蕭維三去了四川，幫助舅父經營。[148]又崇仁吳禹，父親早亡，由母親撫養成人。叔父開了一個雜貨店，需要幫手，這時吳禹才七八歲，成了叔父的小夥計：「叔日給米半斤，禹食其半，私歸其半以養母。」[149]吳禹與其叔、蕭維三與其舅，均為伙東關係。蕭維三是成人為伙，吳禹是幼童為伙，所以報酬也不同，吳禹每日只有半斤米，蕭維三做了幾年夥計回家探親時，已小有積蓄。在這裡，東家對夥計的勞資關係是以舅父、叔父對甥侄的照顧方式表現出來的。

二是主人出資、夥計獨立經營。這是更高層次上的主伙經

---

148 王驥·《蕭理行翁行狀》，同治《會昌縣誌》卷三一《藝文》。
149 光緒《撫州府志》卷六四《孝友》。

營。在名分上，夥計仍是雇工，與主人之間是主、伙關係。但在實際經營上，夥計已是主人在某個部門或某個地區的代理人，或者說，是「經理」的方式。金溪李先誠幼年喪父，隨其母為周姓進士家做傭工。周進士未發跡時，開了個書鋪。又常教先誠讀書。入仕之後，書鋪無人經營。李先誠為報其恩，在周進士的委託下，「經理店業」，積貲日豐。[150]李先誠與周進士之間，最初為主僕關係，後來則為委託經理式的主伙關係。新城涂肇新，年輕時負販兩湖川滇，積有家資，晚年回到故鄉，不再外出奔波，將本錢託付「伙某」，讓其代往蘇、杭等地貿易。沒想到「伙某」將本錢花光，並買了兩個女人回家。有人勸肇新械送此人赴官問理。肇新笑著說：「彼不義，但取我之財，而致彼敗名喪命，何忍乎？」遂不問。[151]從上述二例看，兩個夥計都是受東家或主人之托，單獨經營，但一個為報恩，幫主人掙了錢，一個行「不義」，侵沒東家資本。從涂肇新的事例也可以看出明代伙東之間的法律關係：夥計侵沒主東的本錢，主東不得自選懲治，而須告官公理；一旦告官，夥計輕則「敗名」，重則「喪身」。因此，夥計之於主東，既是僱傭關係，但也帶有主僕關係。

明代江西商人中的主伙經營方式主要表現為第一種情況。因為只要經營達到一定的規模，請夥計乃是不可少的事情。所以這種形式十分普遍。而第二種情況的普遍化，必須要有嚴格的法律

150 光緒《撫州府志》卷六五《孝友》。
151 同治《新城縣誌》卷一〇《善士》。

和健全的機制，以及人與人之間的信譽為保證。而二者特別是後者在江西地區卻不具備。這也是江西商人在經營規模上難以與晉商、徽商抗衡的非常重要的原因。涂肇新們的鄉情鄰誼和好好先生態度，必然助長夥計的為非作歹；而江西地區又是以民風「好訟」、「刁民」眾多而聞名於世的，信譽的概念比較淡薄。而這種方式在晉商、徽商中比較普遍，既得益於民風的淳樸，講究信譽，也依靠了嚴厲的懲治措施。

政府的「召商」與商人的官商化。明代中後期，用傅衣凌先生的話說，是一個「自由奔放」的時代，政府對商業活動的干預相對減弱，因而，包括江西商人在內的各地商人的活動自由性也較大。反映在商人的經營上，主要有兩個方面：一是以「召商」的方式調劑地區間物產的不平衡；二是積極尋找代理人，促使部分商人的官商化。

召商經營主要出現在與國計民生關係密切的行業，最大量的是食鹽和糧食，此外，如前文所說，在礦業中也多有表現。政府召商經營食鹽，經營的自然是官鹽，在江西，主要是淮鹽。這也是國家、當權者及勢力最雄厚的商人集團的利益所在。明代江西的建昌、吉安二府和寧都直隸州，既是私鹽侵食官鹽地盤的重要突破口，也是淮鹽抵制閩粵私鹽的前哨陣地。政府召商，主要是在這些地方進行。前文第一章第四節對此多有論述，可供參考。糧食貿易中的召商則主要發生在災荒年份，政府在江西召商運米，以救燃眉。這種措施對於加強各地區間的物資調劑、穩定糧食價格、打擊投機商人是有利的，也體現了國家權力在參與經濟活動、解決民生問題中的積極作用。但由於帶有很大的強制性，

所以也必然產生了一些消極後果。而明代江西商人的官商化主要發生在鹽商之中，主要途徑有二。一是受官府攏絡而為官商，一是由自行捐納而為官商。如果說前者意味著商人進入國家管理體系以適應商品經濟發展的需要，那麼，後者則是商人通過向政治權力投資並進而通過政治權力以獲取更大經濟利潤的手段。

四　江西商人的經營觀念與利潤投向

江西商人的經營觀念

明中期開始，商品經濟已廣泛深入到社會生活的各個領域和角落，並由此引發了人們思想觀念及社會價值觀念的一系列變化，一個突出表現就是重商思潮開始彰顯。不僅是富商大賈，即使是「賤爾小民」，也能從波濤洶湧的商品經濟大潮中意識到「富貴不必詩書，而蓄資可致」[152]，反映出人們價值觀念上的新變化，科舉已非「天下第一生業」。由於各地經濟發展水平不一，觀念的變化情況也各異。

明代社會風尚的轉變在成化、弘治時就已經顯現，至正德、嘉靖以後則更顯奢華。正德《建昌府志》以服飾飲食為例，描述了該府從正統到弘治數十年間社會風尚的變化：

天順、景泰以前，男子窄簷高帽，衣腰中裾幅周身，袖曲肱而已。婦女平髻，衫制古樸，婚會以長衣。成化間，男飾或蓮子

---

152 康熙《華州志》卷二《風俗》。

帽、桃尖帽、平頂帽，寬衣大袖，或腰及於膝，或近於胸，咸非中制。近時稍稍復古，而侈婦服飾僭擬妃嬪娼優。隸卒之婦，亦有黃金橫帶者，俗之敝也，斯為甚。先時宴會，果肴用大器，多不過五品，謂之聚盤。後用小盤，至數十品，謂之簇盤。近時仿京師，雜陳奇品，亦即汰矣。[153]

　　服飾飲食的變化，反映了人們消費觀念的變化。而這一變化卻是由社會財富的積累和商品經濟的發展所決定的，同時又直接影響到工商業者的經營觀念並推動商品經濟的發展。

　　成化、弘治時的著名學者羅　給我們留下了一段饒有趣味的文字：江西建昌府屬的南豐、新城、廣昌三縣之民，成化、弘治以前，為「不出封疆、向食其土之人，以傲乎南城之逐末於外者。雖然，南城之商亦傲之曰：『吾纏數鏹，傾困倒稟無後已。』」[154]

　　羅玘出身於新城縣雜貨商人家庭，自己也是商人，後入貲為北京國子監「俊秀子弟」。成化二十二年，年過不惑的羅玘力挫群英，在人才濟濟的順天鄉試中高中解元，並在第二年中了進士，選庶吉士、入翰林院讀書。其策論「理既明暢，詞亦奇古」，文名震海內，學者稱「圭峰先生」。有過這段經歷，羅玘對自己的商人出身有一種他人難以體會的自豪感。所以他在記載

153 正德《建昌府志》卷三《風俗》。
154 正德《建昌府志》卷三《風俗》。

南城商人與南豐、新城、廣豐的相互傲視時，有著明顯的傾向性：「吾纏數鏹，傾困倒橐無後已。」重商主義傾向溢於言表。而到正德時期，南豐、新城、廣昌各縣也是「行商漸多，不復重離鄉井如昔時矣」[155]。至萬曆時，更是「長幼競樂刀錐」[156]，可見商品經濟對落後地區人們觀念的巨大影響力以及社會對這一現象的認同。

這種影響所及，使得越來越多的家庭、家族將「行商作賈」列為子弟及族人「食力資身」的常業之一，認為從事商業與讀書、務農一樣，均為「本業」，均可有所成就。清江黃氏宗族祠規規定，族人「謀生各有其道，習藝俱無害理，除讀書力學務農外，凡一切技藝之事，何莫非治生之法，安而行之可也」[157]。會昌蕭敏紀，治家「尤嚴庭訓，謂人患不立志，士農商賈皆可有成」[158]。不惟如此，不少文人、士大夫的著作言論中也明顯表現出崇商、護商的傾向。明末南豐籍著名學者梁份認為：

（商賈）勞心力以殖貨財，其候時轉物，致遠窮深，經日月出入地，所經營日不暇給，而處心應事有大過人者。乃以經術經世律之，不亦過乎？世之名儒，守一經以求榮一命，其深沉得喪，咸委之命，況乎其他！吾不知學之負人、人之負學也，可慨

---

155 正德《新城縣誌》卷一《風俗》。
156 康熙《新城縣誌》卷一《風俗》。
157 道光《清江東裡黃氏族譜》卷首《祠規》。
158 王驥·《蕭翁理亭行述》，同治《會昌縣誌》卷三一《藝文》。

也。[159]

　　梁份的這段議論，對抱殘守缺、輕利重名的迂腐觀念給予了辛辣的抨擊。作為江右王學的代表人物，吉水羅洪先更從「古今異勢」的理論高度對成化、弘治以來江西發生的「捨本逐末」現象進行了分析：

　　先王田裡樹畜之教詳，斯民得以厚生而寡外慕。當是時，有弗若於刑者，刑之所必歸也；其安於俗者，則福之所畢集也。後世養民之意微而利慾之阱遍於天下，非捭闔不可飾情，非累黍不可盡積。於是恂恂者多齟齬而卒底苦厄。[160]

　　由於時代和個性的不同，羅洪先的言論沒有梁份激烈，但態度卻是鮮明的，其批評的對象，也是那些死守「經術經世」陳條的「恂恂者」，從而成為江右商的代言人。這實際上也是江西商人價值觀念的反映。正是由於這一價值觀念的推動，使得江西地區的社會風氣有了較大的轉變，從而也使得江西商人的活動經久不衰。

　　江西商人這些重商主張及經營理念的提出，是以當時江西商品經濟的發展為基礎的，同時又對當地的商品經濟起著推動作

159 梁份：《懷葛堂集》，卷五《王文佐傳》。
160 羅洪先：《念庵集》，卷一五《明故泉口彥山府君墓誌銘》。

用。但是，這些主張或思想與傳統道德觀和價值觀念相比，仍然顯得十分單薄。當然，我們也沒有任何理由來指責這些思想或主張的單薄，因為當時商品經濟的發展尚遠，沒有對傳統的自然經濟構成革命性的挑戰。相反的是，它在很大程度上是作為自然經濟的補充而發生的，至少在明代的江西大部分地區是這樣。因此，我們看到十分矛盾的現象，一方面是棄農經商風氣的盛行和重商主義思想的抬頭，另一方面，則是商人在經營觀念上，仍然跳不出傳統道德的侷限。其表現主要有：

一、「知足常樂」。如前文所說，江西商人大多是因家境貧寒而棄學經商或棄農經商者，他們從事商業活動的第一目的並不是發財，而是脫貧。因此，當經營稍有贏餘、家境稍顯富裕時，便往往不再謀求拓展經營規模、獲取更大利潤，而是做起田舍翁。如南昌劉善萃在漢口經商「家計饒裕」，於是回到家鄉，買田置產「不復出門」[161]。金溪徐廷輝十七歲時開始，就往返於家鄉與雲南之間，不辭艱辛，長途販運，但積貨「稍裕」、「遂絕意遠賈」[162]。撫州商人趙雪濤經商雲南，遂在昆明定居。雪濤興趣廣泛「多技能」，是個儒商。放棄舉業從商之後，仍然不忘詩書，「計所謀足一日之費，即閉門賦詩書」[163]。

二、「能聚能散」。所謂「能聚」，即善操經營之道，牟取商

---

161 同治《南昌府志》卷四八《孝友》。
162 光緒《撫州府志》卷六四《孝友》。
163 民國新纂《雲南通志》卷二五七《寓賢一》。

業利潤，做一個成功的商人，既以自養也可養家。所謂「能散」，即不以聚財為唯一目的，不作「守財奴」，應「以無用之錢作有用之物」，扶危濟困、周恤鄉裡，這就是「積為有為而積，散為有為而散」[164]。明代萬載商人彭顯說得十分豪氣：「天生財必有用，無則取於人，有則與人，烏用作守錢傭為！」[165]如果說「知足常樂」是出於人生的態度或對風險的逃避，「能聚能散」則是出於對社會動盪和人生安全的恐懼。居安思危，居富思貧，將錢財視作負擔，惟恐「非理以散之」。瑞昌商人董伯益便是在危難之後悟出這一道理的。伯益因商致富，家累萬金。時值寧王朱宸濠起兵，知伯益家富，遂將其子朝翰擄去，費千金乃得贖回。看著九死一生的兒子，伯益拊其背曰：「千金活汝，亦幾殺汝。」乃盡散家財賙濟窮困，自己則「仍為貧人捕魚澤中」[166]。伯益贖子的「千金」，正是「非理以散之」者，所以他從消極的方面接受教訓，散盡家財。

三、「息事寧人」。有不少江西商人在外做生意，為求「和氣生財」，當自己的經濟利益受到別人的損害時，不會去訴諸官府，而是採取息事寧人的態度。如新城商人鄧兆齡，「嘗置產，某紳居間，為所紿，空費千金。或勸之訟。辭曰：『吾但破鈔而已，訟即累某紳名也』。」同邑商人涂肇新晚年家居，將業務付

---

164 王猷定：《四照堂集》，卷五《大賓郭維洽傳》。
165 民國《萬載縣誌》卷一〇之一《列傳》。
166 同治《九江府志》卷三九《善士》。

給合作者經營，「嘗付巨金與伙某往吳營販。某蕩其資，買二妾回。或嗾肇新械某送官。肇新笑曰：『彼雖不義，但取我之財，而臻彼敗名喪命，何忍乎？』竟置不理」。「有閩商逋負巨萬，諸索者邀新」，作為債主之一的涂肇新則居間為閩商排解調停。[167]這些都是寧願自己破財，也不訴訟官府，以求息事寧人的例子。此外，還有不少借貸予人而自毀借約者。餘干胡鐘，有鄉人向其借貸而無法償還，只得將房契抵債、遷往他鄉。胡鐘得知後，連忙派人將其追回，將房契退還，並燒毀借據。[168]金溪劉光昌自少外出經商，晚年回到家鄉，仍做典當質押生意。每當青黃不接時，就有不少鄉民用衣被典貸糧食。這年因歉收，無法還貸。眼看天氣漸寒，光昌將經貸鄉民召集，讓其將衣被全部取回，所貸糧食不用再還。有人不解，光昌解釋道：「天氣凜列，族鄰號寒，吾忍厚綿獨擁乎？」又將共計數千兩白銀的債券盡行燒毀[169]。臨川李春華在貴州經商幾十年，晚年返回家鄉，行前召集當地負欠者，將萬餘兩銀子的債券全部燒毀。[170]

　　商人們的這些行為，自然受到輿論的好評，但內心或另有苦衷。金溪傅金良說得好：這樣做的目的，無非是「無為後人留爭端也」。由此也可見在當時的形勢下，鄉里之情、宗族之親在借貸中發生的作用，同時也可以看出，嚴格意義上的契約觀念及法

167 同治《新城縣誌》卷一〇《善士》。
168 同治《饒州府志》卷二三《孝友》。
169 光緒《撫州府志》卷六四《孝友》。
170 同治《臨川縣誌》卷四六《善士》。

律觀念在人們心目中仍然是十分淡薄，嚴格意義上的市場規則也
沒有形成。

當然，這只是事情的一個方面，而另一方面，明代江西又是
以「好訟」聞名於世的地區，江西商人在各地的訴訟也成為朝野
關注的社會現象。關於這一點，將在後文闡述。

四、「父母在，不遠遊」。在江西商人中，雖然有大量長年
累月在外經商，甚至「老死不歸」；但也有不少憚於遠行，活動
範圍十分狹窄。如德化縣商人「經營惟在本土，不習散出四
方」。[171]德興縣「遠商不至，其列售於市者，惟尋常日用之物而
已。如竹木茶茗之屬，間以運販於外雲」[172]。安仁縣商人「俗多
土著，戀鄉井，商鮮流寓，坐賈者亦無奇貨厚積，視重利輕別離
者殊異」[173]。南豐縣「遠賈出不經年，近賈居不歷世」[174]。宜黃
縣「商賈囊橐稍裕，不貪利離鄉，必歸故土」[175]。贛州府的一些
地區也是如此，「郡邑列肆而居者土人，業微利微，利以役手
足、供口腹而已。若行貨，惟杉木一種，尚有能運至他省者，餘
則寥寥。異鄉作客，贛人絕少」[176]。當然，此處所說的「贛人」
只是指贛州人而非江西人。

造成江西商人「不遠遊」的原因是多方面的。其中，固然有

---

171 嘉靖《九江府志》卷一《風俗》。
172 同治《德興縣誌》卷一《風俗》。
173 同治《安仁縣誌》卷之八《風俗》。
174 同治《建昌府志》卷一《風俗》。
175 乾隆《宜黃縣誌》卷八《風俗》。
176 乾隆《贛州府志》卷二〇《風俗》。

害怕擔當風險及其他種種因素，而「父母在、不遠遊」觀念的束縛不能不說是重要原因。玉山王長發服賈數年，略有餘貲，便「念母老，不復出，朝夕視膳，母子甚慰」[177]。武寧柯性剛精於醫術，又兼營藥材，人們勸其走川下廣，可致大富，性剛則說：「若舍母，吾早以技致富矣。」終不出。[178]廣豐呂以塒，負販養家，人勸其長途販運，以求大利，以塒笑曰：「母心所樂，不在厚利也。」[179]不僅如此，即使在外經商，亦或「每歲杪，必束裝歸養」，或「每歲必歸一省」。一旦聞父母病喪音訊，必定立即返家，而置虧損於不顧。吉水劉某在漢口、九江間經商，「聞母喪，棄貨而奔」，致使家業益貧。[180]

　　江西商人的這一特點，在明末小說中也有反映。馮夢龍《喻世明言·陳仰義巧勘金鈿釵》說：「一個賣布的商人，……口內打江西鄉談，說是南昌府人，在此（贛州府石城縣）販布買賣。聞得家中老子身故，星夜要趕回，存下幾百匹布不曾發脫，急切要投個主兒，情願讓些錢。眾人中有要買一匹的，有要兩匹、三匹的，客人卻不肯，道：『憑他零星賣時，再幾時還不得動身。那個財主家一總脫去，便多讓他些也罷。』」如此急於脫貨，虧折自是難免。所謂「棄貨而奔」者，多屬這種情況。

　　形成上述觀念，大致有以下幾個方面的原因。

177 同治《玉山縣誌》卷八《善士》。
178 同治《南昌府志》卷四八《孝友》。
179 同治《廣豐縣誌》卷八《孝友》。
180 羅洪先：《念庵集》，卷一六《明故劉孝子墓誌銘》。

一是因為江西商人，多為貧寒農民轉化而來，大量的還是亦農亦商，個體農業社會所固有的、極力尋求相對安定生活即安土重遷的習性，仍然根深柢固，一旦擺脫了貧困之後，便不再願冒風險。

二是因為江西是「文章節義」之邦，雖然在這裡產生了大批異端思想家，也有一批學者在為商人及其商業活動正名，但由於基本生產方式沒有改變，在傳統生產方式中形成的道德觀念自然也無法從根本上發生變化。即使是前文提到的贊成出外經商的思想家羅洪先，也明確表示過反對商人棄家不顧。[181]道德認同和利益驅動之間的矛盾，始終是江西商人難以衝破的羅網。

三是因為國家法律和社會輿論對商人仍然存在各種歧視，商人特別是小商人的活動和利益缺乏法律的保護。傳統人情世故及由此產生的中庸、和為貴的思想，造成人們法律觀念的淡薄，習慣於以道德、仁義服人，而不願因經濟利益的糾紛而訴諸法庭、對簿公堂，使得一些商人不願意通過法律去爭取自身的利益，反倒認為破財可以消災。

四是因為各級官員對商人的巧取豪奪，社會及家族、家庭內部的平均主義觀念，使得商人怕露富，怕因富而惹禍。前文提到的瑞昌商人董伯益之子被擄一事即被時人看作過於富有會招致橫禍的典型事例。

由於上述觀念的存在和束縛，使得江西商人所固有的地理、

---

181 羅洪先‧《念庵集》，卷一五《明故自竹山徙拓鄉族叔兆軒墓誌銘》。

資源優勢逐漸喪失不復存在，本來就分散而微弱的商人資本也難以積累和擴大。與晉商、徽商及閩粵等地商人相比，江右商人的經營規模就難免相形見絀，商業資本的積累也顯得極為有限。因此，儘管江西商人因人數眾多、操業甚廣、經營靈活而滲透力極強，卻往往在劇烈的競爭中逐漸處於劣勢甚而最終喪失市場。

更加嚴重的是，在當時的社會條件下，江西商人的上述觀念卻是受到官方和社會輿論推崇的，它為江西商人博得了不少的讚譽，並贏得社會各階層的尊重，商人們自己也因而能在各類志書中具名立傳，風示來者。這既代表著當時社會的主流意識，又起著巨大的導向作用，對於商人的經營實踐，尤其是對其商業利潤的投向，產生了嚴重影響。

江西商人的利潤投向

生活性投資。這類投資包括置辦田產、贍養家人、資助親友等。

由於江西商人多為生計所迫的棄農經商及棄學經商者，而他們的經商，又是以家庭成員無條件的支持和犧牲為前提的，這就使商人從經商的第一天起，就開始背上了沉重的「感情債」。因此，一旦稍有贏餘，首先考慮的應該不是擴大經營規模，而是向家庭無條件地流歸，以解決家人的最低生活要求。再有贏餘，則進一步被分割：「數十年所積，悉以分弟。」「少有所獲，必均分之，不以一錢自私。」外出經商——稍有贏餘——家庭耗費——析產均分，構成商業資本最基本的積累和消耗模式。

對於那些稍有餘資的商人來說，他們所面臨的選擇無非是兩種：要麼儘可能地擺脫與家庭、家族的連繫，獨立謀求發展；要

麼變商業利潤為消費資金，最終導致商業利潤消耗殆盡。鄭曉《地理述》、王士性《廣志繹》、張瀚《松窗夢語》都說江西人有棄妻子而經營四方、老死不歸者。明末撫州學者艾南英記載了這樣一件事：東鄉縣重修白城寺觀音閣，因該縣「富商大賈，皆在滇雲」，於是一位名叫正演的白城寺僧背著乾糧前往雲南籌集捐款。「經歷寒暑，凡三載，所至緬甸、騰川、姚家、臨（安）、麗（江），足跡遍七千里」，僅得到百餘兩銀子的資助。[182]可見力圖擺脫家庭、家庭乃至家鄉羈絆的大有人在。但是，他們又必須受到良心和輿論的雙重譴責。羅洪先曾以吉安為例發表了一番頗具代表性的議論：

　　吉郡地雖廣，然生齒甚繁，不足以食眾。其人往往業四方，歲久不一歸，或即流落，不識家世何在。而長沙與吉郡接畛，其產故饒，其留滯又為特甚。吾嘗治譜，見客遊而葬其地者，心竊悲之。……竊恨處異域而忘故鄉，使父母盼盼然、無以待老，誠不知其何心也？[183]

　　羅洪先並不反對外出經商，相反，他認為這是解決「生齒甚繁，不足以食眾」的唯一辦法，但他反對棄家不歸，反對逃避養老撫幼的家庭責任和社會義務的做法。

182 艾南英：《天傭子集》卷九《白城寺僧之滇黔募建觀音閣疏》。
183 羅洪先：《念庵文集》卷一五《明故白竹山徙柘鄉族叔兆軒墓誌銘》。

經商的風險、前景之叵測，也使得商人們不能不為自己留下重返故土的後路。而要留下後路，便不能和家庭、家族斷絕連繫。金溪商人吳皋的經歷是具有啟示意義的。吳皋自幼隨父服賈貴州，與本族失去連繫，其父年事漸高，「挈家歸，族人睨視之，屢生釁侮」。幸虧「皋恭信而惠，又達於事」，千方百計進行感情和物質上的投入，歷時兩年，才得以平靜。[184]如果吳氏父子不是獲利而是折閱而歸，則可能在家鄉無立錐之地。富有時接濟家人、族人，困厄時才可能得到家人、族人的幫助。

江西商人大量進行生活性投資，也受當時的生產方式和價值規律制約。「以末致富，以本守之」，這種觀念和信條是在現實生活中產生並證明是可靠的。明代地租率一般都在百分之五十左右，而且國家對私有土地一般持保護政策。所以，財產的土地形式具有相對穩定和較高利潤的優勢。這就刺激商人對土地的投資。而且，資本越雄厚的商人，投資於土地的積極性也就越高。在江西商人中，不少人生活節儉，但在置辦田產上卻是不遺餘力。如清江聶如高服賈萍鄉，以藥材起家，「性好節儉，一腐二餐，性惡奢華，粗衣飾體」，但在「置田疇」、「創棟宇」上，卻從不吝嗇。[185]前文提到的不少江西商人，經營致富後無不競相營田謀產，為子孫久遠計。

社會性投資。其項目更為廣泛，包括建祠修譜、捐糧助餉、

184 光緒《撫州府志》卷六五《孝友》。
185 《清江香田聶氏重修族譜》上卷《大飲賓之賓伯父老大人傳》。

辦學助讀、修橋鋪路、平爭息訟、賑災救荒等。

明代是江西家族制度的發展時期，家族作為社會基層組織的作用十分明顯。建祠修譜以維繫家族血統、聯絡家族力量，設置族產以幫助本族貧困成員，開設族學以培養家族人才，都是增強家族凝聚力的重要方式，是每個家族成員特別是家族中有財力者必須承擔的義務。這種義務承擔得越多，在家族中的地位也就越高，同時也就在地方享有崇高的聲譽。所以，商人在這方面的投資就帶有雙重意義：一方面是承擔在家族中的義務，另一方面則是加強在家族中乃至在當地的社會地位。

從撫州、南昌、吉安、臨江、建昌、饒州等家族勢力發達地區的情況看，如果沒有商人的投資，家族中的所有活動資金便成問題甚至根本無法著落。反之，如果一個家庭經商致富者多，而且他們又願意或家族有辦法讓其進行投資，則修譜更加頻繁，祠堂、族學建得更加氣派，族產更為雄厚。明代江西科舉的鼎盛，與商人對地方學校的投資是分不開的。

隨著商品經濟的發展，各種社會公益事業諸如救災賑荒、修橋築路等均得藉助社會集資。商人首當其衝，成為徵集的對象。社會公益投資，在一些富裕的江西商人的總投資中占有很大的比重。當然，其中也有自願和被迫之別。

在有關商人的史料記載中，我們常常會發現這樣一個矛盾現象：國史、正史及文人著作中，但凡言及商人，總是貶多於褒，甚至冠以「奸」字，說是「無商不奸」。但在地方史志、譜牒家傳及文人所作行狀、墓誌中的商人，卻多是行善孝友者。這種矛盾的發生，原因是多方面的。官府及輿論謂之「奸」，既受傳統

義利觀及抑商政策的影響，也因一些商人的唯利是圖、坑騙顧客、偷稅漏稅所致。地方之謂「善」，則是因為當地公益事業多賴商人的資助。而且，商人逐利多在他方，「行善」則多在家鄉，這也導致國史暴其惡而家傳揚其善。

產業性投資。商業利潤流向產業，轉化為產業資本，這是明代商業資本流向的新趨勢。商人也同時向工場主、作坊主、農場主轉化。如果說明清時期中國商人有向近代商人轉化的趨勢，那麼這種趨勢就體現在這一部分商人身上。商業資本向產業資本轉化的形式多種多樣。從江西商人的有關資料來看，商業資本轉化為產業資本主要表現為兩種方式，一是直接投資於礦冶業，從事銅、鐵等的冶煉和經營；二是收買農戶或手工業者的原料或半成品，自行設場加工，生產商品。

關於礦冶業的經營，江西本省鐵礦主要產於興國、長寧、上猶三縣，本地商人多投資開採。前引《皇明條法事類纂》載：「江西人民將帶絹尺、火藥等件，指以課命，前來易賣銅鐵，在彼取妻生子。費用盡絕，糾合西川糧大、雲南逃軍，潛入生拗西番帖帖山投番，取集八百餘人，稱呼「天哥」，擅立官聽、編造木牌，煎銷銀礦，偷盜牛馬宰殺。」[186]再近人丁文江為《天工開物》作者、江西奉新人宋應星作傳時所說的一段話：「先生生於豫章，廣信之銅，景德之瓷，悉在戶庭。滇南、黔、湘冶金採礦

---

186 《皇明條法事類貉》卷二九《江西人不許往四川地方勾結夷人、計告私偵例》。

之業，又皆操於先生鄉人之手。《天工開物》之作，非偶然也。」[187]丁文江的分析令人耳目一新。若非對廣信府的銅業、景德鎮的瓷業有深刻的瞭解，若非與「冶金採礦」的商人、工匠們有廣泛的接觸，是不可能完成《天工開物》的。而其作者產生於江西，正是因為江西有這些有利條件。金溪商人陳文楷曾賈四川，後「由巴入黔，開場冶鐵於桐梓、綦江間」，積貲頗厚。[188]又如新城饒大俊賈福建，大富，於沙縣設場開礦冶鐵。[189]而雲南個舊的江西會館，更為江西礦商投資的實證。

至於第二種形式，則主要是隨著作為手工業原料的經濟作物的擴大種植而出現。明中後期，江西各地經濟作物如煙、茶、麻、苧、蔗等種植面積不斷擴大，其高利潤刺激著商人或租佃山場，或購買土地，建築場房、購買原料或半成品，僱傭工人直接從事經濟作物的加工生產。例如，在盛產煙葉的瑞金縣，從城鎮到鄉村，遠近商人「麇至駢集，開設煙廠」，其數「不下數百處，每廠五六十人」[190]。玉山煙葉尤負盛名，從事菸草製造生產的工人「日傭數千人」[191]。寧都、石城的苧麻、夏布素負盛名，吳其濬《植物名實圖考》記載：「寧都州俗無不緝麻之家」，「請織匠成布，一機長者十餘丈，短者亦一丈以上」。由於麻紡織手工業的發展，出現了繁榮的夏布交易市場：「夏布壚則安福鄉之

---

187 丁文江：《奉新宋長庚先生傳》，載武進陶氏編《天工開物》。
188 同治《撫州府志》卷六八《善士》。
189 同治《建昌府志》卷八《善士》。
190 乾隆《瑞金縣誌》卷二《物產》、同治《瑞金縣誌》卷十一《禁煙議》。
191 道光《玉山縣誌》卷一二《風俗》。

會同集、仁義鄉之固厚集、懷德鄉之璜溪集，在城則軍山集。每月集期，士人商賈雜遝如雲。計城鄉所產，歲鬻數十萬緡，女紅之利普矣」[192]。從一定程度上反映了麻紡織行業中手工工場狀況。再以茶葉為例，江西商人不僅在本省浮梁、贛南等地設立制茶手工工場，而且還涉足鄰近省區，租占山地丘陵，壟斷茶葉的生產和經營。如福建西北部的武夷山區，即「多租於江西人開墾種茶，其價甚廉，其產殖頗肥」[193]。

捐納投資。除了擴大再生產，以及生活性投資、社會性投資、產業性投資外，江西商人及全國各地商人的另一項投資也值得重視，那就是「捐納」，即商人為自己或為子弟捐資入國子監讀書或直接捐官。

明朝國子監的學生就其身分來說有四大類：舉監、貢監、蔭監、例監。「舉監」指會試落第、入監讀書的舉人，「貢監」指地方府、州、縣學定期向國子監輸送的生員，「蔭監」指因祖、父有功於朝廷而入國子監讀書的品官子弟，「例監」則是通過捐納而入國子監的「俊秀」即富家子弟，其中相當多是商人及其子弟。

明朝的「例監」始於景泰時。時值土木之變後，邊事吃緊，軍餉籌措甚難。景泰元年，遂定輸納之例，舍人、軍民納粟、納馬者，「悉賜冠帶，以榮其身」[194]。景泰四年，為賑濟山東災

---

192 吳其濬：《植物名實圖考》卷九《芒略》。
193 陳盛韶‧《間俗錄》，卷一《建陽縣》。
194 《明英宗實錄》卷一八七，烘泰元年正月壬寅。

民，明政府告示全國：各布政司及南北直隸府、州、縣學的生員，凡有能運米八百石於臨清、東昌、徐州三處賑災者，均可入國子監讀書[195]。於是，國子監內多了一類監生，由於是「援例」，所以稱作「例監」。但這時只允許官學「生員」納粟入監，到成化時，「白身」即非在學生員也可加倍輸納入監，稱「俊秀子弟」。而且，所納米粟數也由八百石減為五百石，馬匹減為七匹。這些「俊秀子弟」多為商人或商人子弟，由於完全是以錢米換取入學資格，一度被士子視為「異類」，國子監也被戲稱有「銅臭」味。[196]

但是，改弦易轍的商人及其子弟入監之後，卻以自身的努力令士子們刮目相看。成化二十二年，北京國子監的「俊秀子弟」、江西南城縣人羅玘在順天鄉試中名列第一，又在第二年中了進士，遂使「援例之士增價」[197]。從此，納米入監的「俊秀子弟」成為南、北國子監監生中的重要成份。

中國是一個官本位根深柢固的國家。通過科舉進入仕途，固然是所有讀書人的願望，而在商品經濟深入到社會的每個環節時，進入仕途的目的早已不是「治國平天下」，而是體面脫貧、進而求富。但是，並非所有個人和家庭都能經得起「十年寒窗苦」，即使經得起「十年寒窗苦」，也並非所有的人都有「金榜題名時」。因此，以商業利潤來換取功名進而獲得更大的利祿，

---

195 《明英宗實錄》卷二二八，景泰四年四月己酉。
196 沈德符：《萬曆野獲編》，卷一五《科場・納粟民生高弟》。
197 何良俊：《四友齋叢説》，卷一〇《史六》。

卻有可能是達到致富的更好途徑。在買監買官的交易中，日後產出越大的職位，先期投入也越大。

士人因家境所迫，不得已而棄學經商；商人有了錢，捐貲為官或取得「冠帶」，或讓子弟入國子監並最終進入仕途。二者實為異曲同工，都是為了脫貧，為了改變家庭境況，為了獲得更大的利潤。當然，這裡並不排除在傳統社會觀念的影響下，有著科舉傳統的江西、浙江、南直，人們仍以讀書入仕為最高的人生追求，而經商則為謀生的手段。前引李維楨《贈胡翁序》還記載了「胡翁」的人生志向及對諸子的安排，可為鮮活的例子：

> 翁豫章人也，族強大而蕃庶，中葉稍曠潦。翁奮然曰：「夫邁種亢宗不階尺土者，非人也耶。」豫章家禮樂而戶詩書，公卿相踵於朝。翁少治經生家，言富貴利達可拾取也。委而去之。……（入楚經商，既富，有三子）各因其材而授之業，曰：「吾踐儒之實而不居儒之名，吾將使吾子循儒之名而責儒之實。」於是命伯子、叔子為諸生，使後之人信韋氏之一經勝齊魯之黃金滿籯也。「處乎官與民之間，資其力可以禍福人，行其德可以利益人，莫如掾。」於是命仲子為郡掾，使後之人信東海之高門縣於公郡決曹始也。伯子為胡氏大宗，使居豫章；仲子、叔子為胡氏小宗，使居竟陵。三子率循翁之教，為諸生者文有名，為郡曹者文無害。子復有孫，孫復有子，弦誦答響，繹繹交錯。**198**

198 李維楨・《大泌山房集》，卷四八《贈胡翁序》。

第三節 ▶ 江西的城鄉市場及其特點

一 集市

一般來說，市場有狹義和廣義之分。狹義的市場為有形市場，即交易或買賣場所。在中國古代，這種市場包括攤點、商店，包括由攤點、商店構成的集市、集鎮、城市商業區等綜合市場，包括同樣由攤點和商店構成的糧食市場、木材市場、布料市場、藥材市場、副食品市場等專門市場。廣義的市場為無形市場，即交易或買賣的過程和關係，但也可以物化為商品，以及由商品連繫起來的有關的人和事、時間和空間，包括生產者、販運者、銷售者、購買者、管理者等，也包括商品在生產、流通、交換過程中發生的各種現象，如商品的價格及其在不同時間、不同地區的變化，又如由商品流通所造成的區域市場、國內市場乃至國際市場等。

明代江西地區的有形市場，或者說，明代江西地區的商品交易場所及區域，按層次劃分，可分為集市、城鎮、都市三級，由這三級市場構成整個區域市場，並構成國內市場的重要組成部分。

集市作為初級市場，是明代國內，也是江西地區初級商品交換的最經常、最大量的方式，是農村商品生產者之間以及他們和商品消費者、商品經營者「聚會」的主要場所。

城鎮作為中級市場，情況則相對複雜。在城鎮中，既有作為府、州、縣行政機構所在地的府城、州城、縣城，也有完全是由

於交換的原因而發展起來的商業市鎮，前者更多政治色彩，後者則更多經濟色彩，但他們在區域性市場中的地位和作用卻十分相似。

城鎮與集市的最大不同，主要並不在於商品交換的數額，而在於是否有常住人口以及人口的多寡，在於是否有形成規模的商業街區，在於是否設有政府機關。集市的基本構成是攤點，基本特徵是市場的聚散性。城鎮的基本構成是店鋪和街區，基本特徵是市場的固定性。當然集市可以有少量的店鋪和小街區，也具有某種固定性；城鎮可以有隔三隔五的墟期，也有某種聚散性。

城與鎮的區別，則在於所設置的政府機關的級別。府城為府級衙門的所在地、縣城為縣級衙門的所在地，而鎮則一般只有巡檢司或驛站，或者有府、州、縣衙門的派出官員，如府通判、州同知、縣丞或主簿等。明代江西地區的農村集市，大多稱「墟」，也稱「市」和「集」，也有少數地方稱「亥」[199]。廣信府玉山縣有寨頭墟、鎮頭墟[200]，撫州府臨川縣有黃塘墟、三山墟等九墟，崇

---

199 王士性《廣志繹》卷四《江南諸省・江西》：武寧有所謂「常亥」者，初不知何謂，問之，乃市名。古人日中為市，今吳、越中皆稱市，猶古語也。河南謂市曰集，以眾所聚也。嶺南又謂市曰虛，以不常會多虛日也。西蜀又謂市曰亥，如虐疾間而復作也。江南惡以疾名，止稱亥，又可捧腹。謝肇淛《五雜俎》卷四《地部一》：嶺南之市，謂之虛，言滿時少虛時多也。西蜀謂之亥。亥者痎也，痎者虐也，言間日一作也。山東人謂之集。每集則百貨俱陳，四遠競湊。大至騾馬牛羊奴婢妻小，小至斗粟尺布，必於其日聚焉，謂之趕集。嶺南謂之趁虛，而嶺南多婦人為市，又一奇也。
200 嘉靖《廣信府志》卷三《地輿志・坊鄉》。

仁縣有黃墟、陳墟，金溪縣有沙岡墟、青田墟等八墟[201]，南昌府
豐城縣有橋東墟、唐家墟等十二墟[202]；瑞州府高安縣有陰崗墟、
上泉墟，上高縣有山址墟、界埠墟[203]；臨江府稱墟之市場有七
個，其中清江縣一，新淦縣一，新喻縣五[204]。《龍南縣誌》說：
「商賈貨物輻輳之處，古謂之務，今謂之集，又謂之墟，墟亦市
也。」[205]《大庾縣誌》也說該地「俗稱趕墟，猶沿嶺南風至今
云。」[206]嘉靖《九江府志》記載了德化縣的三個市：小江市，「一
名官簰夾，去府治五里許」；楊家穴市，「一名斷腰，在江北岸，
去府治二十里許」；女兒港市，「在仁貴鄉，去府治三十五
里」[207]。「亥」主要是江西西北地區的說法。王士性《廣志繹》
卷四《江南諸省・江西》：武寧有所謂「常亥」者，初不知何謂，
問之，乃市名。謝肇淛《五雜俎》卷四《地部一》：嶺南之市，
謂之虛，言滿時少虛時多也。西蜀謂之亥。亥者痎也，痎者虐
也，言間日一作也。[208]陸深說：「南昌武寧縣地名常州亥，蓋市
井之區。謂之亥者，不知何所取義，豈方言耶？」「豈用亥日為
市，故謂之亥云。」[209]嘉靖《寧州志》也說：寧州有市名「常洲

---

201 弘治《撫州府志》卷二《封域二・墟市》。
202 道光《豐城縣誌》卷一《地理志・都圖》。
203 正德《瑞州府志》卷二《地裡志・坊市》。
204 隆慶《臨江府志》卷三《蜀域・市鎮》。
205 光緒《龍南縣誌》卷二《坊鄉》。
206 同治《大庾縣誌》卷三《集市》。
207 嘉靖《九江府志》卷二《坊鄉》。
208 按：四川的一些地區稱墟市為「亥」或「痎」，或受江西移民的影響。
209 陸深：《儼山外集》，卷二〇《豫章漫抄錄》。

亥」，「在州治東一百步，本武寧縣市名。」[210]此外，還有稱之為「埠」、「店」者，這在不少縣誌中都有記載。

作為初級市場的集市，一般坐落在城市與鄉村的結合部、村落與村落的結合部，或者就在城郊、村邊，它主要屬於農村市場。但位於城鄉結合部特別是城郊者，則對市民的生活起著重要的影響，成為市民日常生活中獲得農產品、手工業品的重要場所。

江西地區的集市儘管發展不平衡，但只要是以「墟」、「市」、「集」、「埠」、「店」為名者，一般都已是定期集市，有固定的墟期，有的還有固定住戶。[211]前文所述廣信府玉山縣寨頭墟、鎮頭墟，均以一、六日為集期。吉安府吉水縣自洪武以來興起的金牛脊墟、神岡墟，分別以一、四、七日和三、六、九日為墟期[212]。《長寧縣誌》說，當地「村市，俗謂之墟，皆三日一集。」[213]《鄱陽縣誌》則說，本縣的集市，「俱有民居，以魚鹽粟帛相貿易」[214]。

筆者就明清江西各府、州、縣地方誌中有關集市的記載作過一個統計，雖然受所見方志數量的侷限及各地修志時間的不同，這個統計並不十分完整，但從中仍然可以看出集市的發展狀況

---

210 嘉靖《寧州志》卷八《區市》。
211 同治《大庾縣誌》卷三《集市》。
212 道光《吉水縣誌》卷四《市墟》。
213 光緒《長寧縣誌》卷二《風俗》。
214 康熙《鄱陽縣誌》卷二《風俗》。

（參見表 4-1）。

· 表 4-1 明中期至清前期江西農村集市數呈變化統計[215]

府、縣名稱		弘治、正德年間	嘉靖年間	隆慶、萬曆年間	康熙年間
南昌府	南昌縣				7／100%
	新建縣				7／100%
	豐城縣		5／100%		10／200%
	進賢縣		6／100%	17／283%	4／66%
	奉新縣				3／100%
	靖安縣				

215 嘉靖《江西省大志》、萬曆《南昌府志》、嘉靖《豐乘》、嘉靖《進賢縣誌》、嘉靖《武寧縣誌》、克靖《寧州志》、嘉靖《九江府志》、正德《饒州府志》、正德《建昌府志》、萬曆《南豐縣誌》、弘治《撫州府志》、嘉靖《臨江府志》、隆慶《臨江府志》、正德《瑞州府志》、嘉靖《上高縣誌》、正德《袁州府志》、嘉靖《袁州府志》、嘉靖《贛州府志》、萬曆《寧都縣誌》、嘉靖《瑞金縣誌》、嘉靖《南安府志》。康熙《西江志》、順治《石城縣誌》、康熙《進賢縣誌》、康熙《武寧縣誌》、康熙《饒州府志》、康熙《鄱陽縣誌》、康熙（十五年）《南康府志》、康熙（六十年）《南康府志》、康熙《都昌縣誌》、康熙《建昌縣誌》、康熙《湖口縣誌》、康熙《南城縣誌》、康熙《南豐縣誌》、康熙《新城縣誌》、康熙《廣昌縣誌》、康熙《宜黃縣誌》、康熙《金溪縣誌》、眼熙《樂安縣誌》、康熙《東鄉縣誌》、康熙《玉山縣誌》、乾隆《廣豐縣誌》、康熙《鉛山縣誌》、康熙《水豐縣誌》、康熙《高安縣誌》、康熙《上高縣誌》、康熙《新昌縣誌》、康熙《臨江府志》、康熙《新塗縣誌》、康熙《新喻縣誌》、康熙《萬載縣誌》、康熙《萍鄉縣誌》、康熙《興國縣誌》、康熙《會昌縣誌》、康熙《龍南縣誌》、康熙《瑞金縣誌》。

府、縣名稱		弘治、正德年間	嘉靖年間	隆慶、萬曆年間	康熙年間
	武寧縣		8／100％	12／150％	7／87％
	寧州		15／100％		14／93％
	合計		34	29	52／100％
瑞州府	高安縣	5／100％			
	上高縣	3／100％	10／333％		
	新昌縣	16／100％			
	合計	24／100％			
九江府	德化縣				3／100％
	德安縣				
	瑞昌縣		7		
	湖口縣		2／100％	4／200％	
	彭澤縣				
	合計				
南康府	星子縣		7／100％ 25／357％		
	都昌縣		5／100％ 20／400％		
	建昌縣		17		
	安義縣		4／100％ 11／275％		
	合計	33／100％ 73／221％			
饒州府	鄱陽縣	6／100％		11／183％	

府、縣名稱		弘治、正德年間	嘉靖年間	隆慶、萬曆年間	康熙年間
	餘幹縣	7／100％		8／114％	
	樂平縣	5／100％		17／340％	
	浮梁縣	2／100％		9／450％	
	德興縣	2／100％		2／100％	
	安仁縣	4／100％		9／225％	
	萬年縣			4／100％	
	合計	26／100％		60／231％	
廣信府	上饒縣				
	玉山縣			2／100％	
	弋陽縣				
	貴溪縣				
	鉛山縣			7／100％	
	廣豐縣				
	興安縣				
	合計				
建昌府	南城縣	17／100％		15／88％	
	南豐縣	9／100％		9／100％	11／122％
	新城縣	2／100％		7／350％	
	廣昌縣	5／100％		12／240％	
	瀘溪縣				8／100％
	合計	33／100％		43／139％	
撫州府	臨川縣	42／100％			
	崇仁縣	12／100％			

府、縣名稱		弘治、正德年間	嘉靖年間	隆慶、萬曆年間	康熙年間
	金溪縣	10／100％		17／170％	
	宜黃縣	18／100％		8／44％	
	樂安縣	14／100％		17／121％	
	東鄉縣			11／100％	
	合計	96／100％			
吉安府	廬陵縣				
	泰和縣				
	吉水縣				
	永豐縣			18／100％	
	安福縣				
	龍泉縣				
	萬安縣				
	永新縣				
	永寧縣				
	合計				
臨江府	清江縣	8／100％	9／113％	9／113％	
	新淦縣	4／100％	22／550％	7／175％	
	新喻縣	10／100％	20／200％	13／130％	
	峽江縣	4／100％	8／200％	8／200％	
	合計	26／100％	59／223％	37／142％	
袁州府	宜春縣	6／100％	5／83％	6／100％	
	萍鄉縣	6／100％	6／100％	9／150％	
	萬載縣	6／100％	5／83％	11／183％	

府、縣名稱		弘治、正德年間	嘉靖年間	隆慶、萬曆年間	康熙年間
	合計	18／100％	19／106％	26／144％	
贛州府	贛縣		23／100％		22／96％
	雩都縣		29／100％	28／97％	27／93％
	信豐縣		44／100％		41／93％
	興國縣		21／100％	8／38％	21／100％
	會昌縣		11／100％		11／100％
	安遠縣				
	寧都縣		41／100％		6／15％
	瑞金縣		11／100％		6／55％
	龍南縣		12／100％	11／92％	12／100％
	石城縣			3／100％	
	定南縣				1／100％
	長寧縣				4／100％
	合計		192／100％	50／26％	151／79％
南安府	大庾縣				
	南康縣				
	上猶縣				
	崇義縣				
	合計				
全省合計					

在上表中，有以下幾點需要說明：

一、各地府志和縣誌在對某一地區的集市進行記載時，府志所載的數量常少於縣誌，原因是當時志書的修撰為政府行為，府、縣誌的修撰往往在同一時期進行，府志所依據的便多是過去的縣誌，而沒有採用最新的統計數字。在這種情況下，一般以縣誌所載為準。

二、有的縣前後幾十年乃至上百年，集市的數量並無任何變化。這種情況多半是因為修志者的敷衍所致。但在未發現更確切的資料之前，只能保持原狀而存疑。

三、表中的百分比，各縣以最早的一次記載為 100％，此後皆以這一次為基數。如贛州府雩都縣，明嘉靖時有集市 29 個，為 100％；萬曆時 27 個，為 93％；清康熙時 28 個，為 97％。由此可以看出各個不同時期的變化情況。

從上表可以看出，在明代大多數地區的農村集市數量是呈上升趨勢的。以記載較為完整的建昌、臨江、袁州等府為例，建昌府明正德時有墟市 31 個，清康熙時為 40 個；臨江府嘉靖時有墟市 26 個，康熙時 37 個；袁州府正德時有墟市 18 個，嘉靖 19 個，康熙時 26 個。

弘治、正德間關於袁州、瑞州、建昌、撫州、饒州五府關於集市數量的記載：袁州府的宜春、萍鄉、萬載 3 縣，均為 6 墟，可見這一地區市場發育比較均衡。建昌府的南城、南豐、新城、廣昌四縣，共 31 墟，平均每縣近 8 墟，多於袁州。集市最多的是南城，17 墟，南豐 7 墟、會昌 5 墟，而新城僅 2 墟，說明這一地區經濟特別是商品經濟發展的不平衡，也印證了南城籍學者

羅玘所描繪的那幅景象：南豐、新城、廣昌三縣之民，成化、弘治以前「不出封疆」，對「南城之逐末於外者」十分看不慣。而南城縣的商人也傲然而視：「吾纏數鏹，傾囷倒稟無後已。」[216]瑞州府的情況與建昌府相似，3 縣 24 墟，平均每縣 8 墟，略多於建昌府。但也是各縣多寡不一：高安 5 墟、上高 3 墟、新昌16 墟。撫州府的臨川、崇仁、金溪、宜黃、樂安 5 縣，最多的是臨川，42 墟，這也是當時江西全省有集市記載的數量最多的縣，它超過上列另外四府全府的數量；最少的是金溪，10 墟；平均每縣近 20 墟。撫州是江西經濟文化的傳統發達地區，從集市的數量也可以看出這一點。饒州府當時領 6 縣，共有集市 26處，平均每縣 4 墟，不但低於商品經濟起步較早的撫州，也比不上建昌、瑞州和袁州。這與明初這一地區曾經經受了戰爭的蹂躪，以及大量人口的流出有重要關係。但在本府範圍內，傳統的發達地區鄱陽、餘干仍是集市最多的縣。

嘉靖時期集市記載較為完整的是袁州、臨江、贛州 3 府。袁州 4 縣，此時的集市有 19 處，其中宜春、萬載均比弘治、正德時少 1 處，萍鄉未變，分宜 3 處。也就是說，如果考慮前一時期缺分宜的記載，則袁州府的集市較前一時期減少了二至三處。臨江這一時期有集市 26 處：清江 8 處、新喻 10 處、新淦和峽江各4 處。而峽江縣所在地本為新淦縣之峽江巡檢司，嘉靖五年四月以該縣六鄉之地設峽江縣。因此，如按正德時的行政區劃，新淦

---

216 正德《建昌府志》卷三《風俗》。

縣也有 8 墟。臨江府在嘉靖時是江西人口最稠密、經濟最繁榮的地區之一，但集市的數量不僅比不上弘治、正德時的撫州，甚至比不上嘉靖時的贛州。贛州在嘉靖時領 10 縣，有集市記載的為 8 縣，共 192 墟，平均每縣 24 墟，這個數字在整個明代江西各府中也是最高的。特別是信豐和寧都，分別有 44 墟和 41 墟，在明代分別居全省的第一位和第三位。

隆慶、萬曆時期的臨江、贛州、南昌三府。臨江的集市數量較前一時期有較大增長：清江 9 墟，增 1 處；新淦 7 墟，增 3 處；新喻 13 墟，增 3 處；峽江 8 處，增 4 處。4 縣共 37 處，為前一時期的 142％，即增長了約一半。贛州的集市數量卻減少了不少。這是以龍南縣的蓮莆鎮及安遠、信豐二縣之地，設了定南縣；以安遠縣的馬蹄岡及會昌之地，設了長寧縣。所以此時的贛州府有 12 縣，有集市記載的為 10 縣，但範圍大抵仍在嘉靖時的 8 縣內，共 151 墟，為上一時期的 79％，減少了 42 處。但這一情況主要發生在寧都縣，從 41 墟減少到 6 墟，僅為前一時期的 14.63％。其次是瑞金，由 11 墟減少到 6 墟。這兩縣共減少 40 處。南昌府是江西省府，七縣一州在隆、萬時有 52 墟（缺靖安），平均每縣（州）6.5 墟，略高於弘治、正德時的饒州府和嘉靖時的臨江府。

由於明末清初的戰亂，人口流失，城市及集市均遭受很大的破壞，所以在順治及康熙前期，集市的數量一般都少於明代中後期。如建昌府南豐縣，明萬曆時有 11 個集市，康熙前期僅 9 個。臨江府清江、新淦、峽江 3 縣，康熙後期的集市數堪與萬曆時持平。贛州府雩都縣萬曆時為 27 個集市，康熙六十年時才 28

個；龍南縣萬曆時為 12 個，康熙中期才 11 個；興國縣萬曆時有集市 21 個，康熙時竟減少到 8 個。即使有的地區這一時期超過明代，一般也是在康熙後期。

某一地區集市數量的增減，固然可以在一定程度上反映出該地區商品交易活動的變化，但要衡量這一個地區商品交易活動的真正活躍程度，更主要應該看其對空間和人口的覆蓋率，以及它的交易量。

從各地區的情況看，明代八府，每個集市覆蓋的空間範圍和交換活動半徑的大小依次是：饒州（613.35 平方千米、13.98 千米）、袁州（452.58 平方千米、12.01 千米）、南昌（426.33 平方千米、11.65 千米）、瑞州（357.69 平方千米、10.67 千米）、建昌（245.45 平方千米、8.84 千米）、贛州（160.96 平方千米、7.16 千米）、臨江（151.30 平方千米、6.94 千米）、撫州（110.61 平方千米、5.93 千米）。集市的分佈以贛中最為稠密，其次是南部地區，而包括省府南昌在內的贛北地區集市分布則較為稀疏。集市覆蓋空間最小即分布密度最大的是地處撫河中游的撫州府和贛江中游的臨江府，以及地處贛江上游的贛州，其交換活動半徑分別為 5.39 千米、6.94 千米和 7.16 千米，當地居民的交換活動應該說是比較方便的。集市覆蓋空間最大即分布密度最小的是位於贛東北的饒州府和贛西北的袁州府，其交換活動半徑為撫州和臨江的兩倍，可以想像有許多山民從事交換活動是十分辛苦或艱難的。這種格局在明代後期特別是清代中後期發生了較大的變化。就集市的分布密度而言，最接近全省平均數（250 平方千米左右）的，為地處贛中東部地區的建昌府。人口相對稀少的贛州、

南安二府，集市的空間分布密度卻都超出全省的平均數。

　　如以縣為單位，明代集市分布密度大於全省平均數的有（無記載者不論）：安仁縣（234.25 平方千米），屬饒州府，占本府六縣的 16.67％；南城縣（99.88 平方千米）、南豐縣（212.11 平方千米），屬建昌府，占本府四縣的 50.00％；臨川縣（50.50 平方千米）、崇仁縣（126.67 平方千米）、金溪縣（135.80 平方千米）、宜黃縣（108.00 平方千米）、樂安縣（172.36 平方千米），屬撫州府，占本府五縣的 100.00％；清江縣（143.00 平方千米）、新淦縣（178.29 平方千米）、新喻縣（136.62 平方千米）、峽江縣（160.88 平方千米），屬臨江府，占本府四縣的 100.00％；萬載縣（142.83 平方千米），屬袁州府，占本府四縣的 25.00％；贛縣（150.96 平方千米）、雩都縣（99.76 平方千米）、信豐縣（65.40 平方千米）、興國縣（153.05 平方千米）、寧都縣（98.85 平方千米）、瑞金縣（222.55 平方千米）、龍南縣（136.75 平方千米），屬贛州府，占本府八縣的 87.50％。撫州、臨江二府所有的縣集市分布密度均超過全省平均數，贛州府有近百分之九十的縣超過平均數，饒州、袁州二府僅有一個縣超過平均數，而南昌、瑞州二府則沒有一個縣集市的分布超過平均密度。這種狀況，造成了饒州、袁州、南昌、瑞州等府集市密度在全省居後，而撫州、臨江、贛州等府的集市密度則居全省的前列。

　　以集市所覆蓋的人口數量而論，明代八府依次是：饒州（33841 口）、瑞昌（29290 口）、袁州（20455 口）、臨江（12550 口）、南昌（11157 口）、建昌（9431 口）、撫州（7950 口）、贛

州（833 口），每個集市平均人口覆蓋率約為八五〇〇人，多於平均數的有饒州、瑞昌、袁州、臨江、南昌、建昌六府，少於平均數的有撫州、贛州二府。由於贛州的人口密度遠低於其他各府，所以也就將集市的覆蓋率降了下來。如果排除這一因素，明代江西全省的集市覆蓋率平均應在一萬人左右。最接近這個數字的是臨江、南昌、建昌、撫州四府，這幾個府明代的集市密度都較大。高於這一數字的饒州、瑞昌、袁州三府，是因為當地集市的數量過少，密度也小；而遠遠少於這一數字的贛州，則是因為當地集市密度較大而人口稀少。從這個意義來說，集市密度越大，其所覆蓋的人口可以越少；集市密度越小，其所覆蓋的人口可以越多。但事實上相反，由於活動半徑小，高密度地區的集市，其接納的人口或許越多、市場越繁榮；而低密度的地區，由於交換活動半徑大，其接納的人口或許越少、市場可能更蕭條。

二 城鎮

至明代，市鎮已經是分布比較廣泛的商品生產及交換市場。除了少數土府、土州、土縣，包括江西在內的全國所有地區，幾乎所有的縣城都設在市鎮，府治與該府首縣同城，省治則與該省首府同城。所以，從經濟意義來說，縣城與市鎮並無太大的差異。與一般市鎮不同的是，縣城除街鋪、居民之外，還有一個縣級衙門，在通常情況下，還有為了保衛這個衙門而修築的城牆。同樣的道理，府城的規模大於縣城、省城的規模大於府城，也是容易理解的，因為層次越高，它所需要容納的行政機關及相應的服務人員也就越多；省城更有兩個「附廓」縣城及一個府城的全

部機關，也就至少有兩個縣城或一個府城的規模。如江西省府南昌，有南昌、新建二縣「附廓」。這種格局其實早在《周禮》中已有規定，並成為歷代王朝恪守的制度，城市的規格一定和它的政治級別一致。儘管江南地區的大市鎮就人口數量及繁榮程度來說，遠超過中西部縣城、府城乃至省城，但在同一省份，省城的規模必定超過府城；在同一府，府城的規模則必定超過縣城。但市鎮情況則有所不同，有的市鎮繁榮程度遠超過縣城乃至府城，如景德鎮之於浮梁縣城、饒州府城，樟樹鎮之於清江縣城、臨江府城，河口鎮之於鉛山縣城、廣信府城等。而一旦發生這種情況，政府便通過派出機關來加強對它的管理，其實也是通過這種方式來提高該市鎮的行政級別。如景德鎮駐有饒州府通判即是，衙門規格超過了縣城。

正是從經濟角度出發，我們將明代江西地區的市鎮與州城、縣城及大多數府城一道，視為本地區的中級市場。當然，這只是市鎮的一個方面。正如許多縣城的規模比不上市鎮，許多市鎮的規模也未必比得上大的墟市。政府在行政機關的派出時，顯然也考慮了這一現象，所以，市鎮未必均有府、縣級派出機關，而大的墟市卻有縣級派出機關。當然，這些墟市其實已經具備了市鎮的地位，並已被視作市鎮。

筆者根據《明會典》、《明史‧地理志》、《清一統志》、《清史稿‧地理志》的記載，並參考其他史料，作明萬曆時期江西地區城鎮及巡檢司、驛站設置表如下。

・表4-2 明萬曆年間江西城、鎮、司、驛設置

府州縣	巡檢司	驛	鎮
南昌府	18	11	0
南昌縣	市汊司	南浦、市汊、 武陽、 石頭四驛	
新建縣	趙家園、 烏山、吳城、 昌邑四司	吳城、新興、 樵舍三驛	
豐城縣	沛源、江滸 口、河湖宝、 港口宝四司	劍江驛	
進賢縣	潤陂、鄔子 寨、龍山、 花園四司	鄔子驛	
奉新縣	羅坊、 白沙宝二司		
靖安縣			
武寧縣			
寧	州	杉市、 定江宝、 八疊嶺宝三司	雙溪、 仁和二驛
瑞州府	6	0	0

府州縣	巡檢司	驛	鎮
高安縣	陰岡嶺宝、洪城宝二司		
上高縣	離婁橋、麻塘二司		
新昌縣	大姑嶺、黃岡洞二司		
九江府	7	4	7
德化縣	城子鎮、南湖觜、龍開河三司	潯陽、通運二驛	城子鎮
德安縣			
瑞昌縣			
湖口縣	湖口鎮、菱石磯鎮二司	彭蠡驛	湖口、菱石磯二鎮
彭澤縣	馬當鎮、峰山磯鎮二司	龍城驛	馬當、峰山磯二鎮
南康府	4	2	2
星子縣	長嶺司	匡廬驛	渚溪、青山二鎮
都昌縣	左蠡、柴棚二司	團山驛	
建昌縣	蘆潭司		
安義縣			

府州縣	巡檢司	驛	鎮
饒州府	12	4	7
鄱陽縣	棠陰、 石門鎮二司	芝山、 大陽二驛	石門鎮
餘幹縣	康山司	龍津水驛	瑞虹鎮
樂平縣	八澗鎮、仙鶴 鎮二司		八澗、 仙鶴二鎮
浮梁縣	桃樹鎮司		桃樹、景德 （宣德時設禦 窯廠）二鎮
德興縣	白沙、 永泰宝二司		
安仁縣	白塔宝、 田南宝二司	紫雲水驛	
萬年縣	荷溪鎮宝石頭 街宝二司		荷溪鎮
廣信府	10	9	2
上饒縣	八坊場、 鄭家坊二司	葛陽馬驛	
玉山縣	柳都寨司	懷玉水馬驛、 輝山水驛、	
草平驛			
弋陽縣		葛溪驛	七公鎮

府州縣	巡檢司	驛	鎮
貴溪縣	管界寨、神前街二司	鄱溪驛	
鉛山縣	石佛寨（後遷湖坊街）、駐泊宝二司	車盤、鵝湖二驛	袜口鎮
永豐縣	柘陽寨、杉溪寨宝二司	封乾驛	
興安縣	丫岩寨宝司		
建昌府	11	1	1
南城縣	藍田、伏牛、曾潭宝、嶽口宝四司	盱江驛	
南豐縣	龍池、太平宝、仙居宝三司		
新城縣	極高、同安二司		
廣昌縣	秀嶺、泉鎮二司		泉鎮
瀘溪縣			
撫州府	14	3	0

府州縣	巡檢司	驛	鎮
臨川縣	溫家圳、青泥、清遠、白竿宝四司	孔家渡、清遠宝二驛	
崇仁縣	周坊、丁坊宝河亭宝三司		
金溪縣		石門驛	
宜黃縣	止馬寺、上勝宝二司		
樂安縣	龍義、望仙、南平宝三司		
東鄉縣	橫山、古口宝二司		
吉安府	25	9	3
盧陵縣	富田、井岡、敖城三司	螺川、縣潭、桐山三驛	
泰和縣	早禾市、茶石潭、三顧山三司	白下、浩溪宝、陶金宝三驛	鶴朝鎮
吉水縣	白沙司	白沙驛	白沙鎮
永豐縣	層山、沙溪、表湖、祖田宝四司		

府州縣	巡檢司	驛	鎮
安福縣	黃茆、羅塘二司		時礐鎮
龍泉縣	北鄉、禾源、秀洲三司		
萬安縣	造口、灘頭、西平山宝三司	阜口、五雲二驛	
永新縣	上坪寨、栗傳寨、禾山寨、新安寨四司		
永寧縣	升鄉寨、礐頭寨宝二司		
臨江府	4	4	1
清江縣	太平市宝司	蕭灘驛	樟樹鎮
新淦縣	枉山（曾遷藍橋）司	金川驛	
新喻縣	水北墟司	羅溪驛	
峽江縣	峽江宝司	玉峽驛	
袁州府	7	2	3
宜春縣	黃圃、澗富嶺二司	秀江驛	
分宜縣		安仁驛宝	

府州縣	巡檢司	驛	鎮
萍鄉縣	安樂鎮、大安裡、草市（後遷插嶺關）三司		安樂、盧溪二鎮
萬載縣	鐵山界、高村鎮宝二司		高村鎮
贛州府	28	3	4
贛縣	桂源（後遷攸鎮）、磨刀寨（後遷石院鋪）、長洛（後遷黃金鎮）三司	水西、攸鎮、上館宝三驛	攸、黃金二鎮
雩都縣	平頭寨、印山宝、青塘宝三司		
信豐縣	新田、桃枝墟宝、黃田宝、覃塘宝、新設宝五司		
興國縣	衣錦鄉、回龍寨二司		

府州縣	巡檢司	驛	鎮
會昌縣	湘鄉寨、承鄉鎮、河口宝三司		承鄉鎮
安遠縣	板口（石）司		
寧都縣	青塘寨宝、印山寨宝、下河寨三司		
瑞金縣	瑞林、湖陂二司		古城鎮
龍南縣	下曆司（定南遷入）		
石城縣	捉殺寨司（後遷赤江市）		
定南縣	下曆司（後遷龍南）		
長寧縣	黃鄉、新坪、雙橋、		
丹竹樓宝四司			
虔南廳			
南安府	8	5	3
大庾縣	鬱林鎮、赤石嶺二司（均多次遷治）	小溪、橫浦二水馬驛	鬱林鎮

府州縣	巡檢司	驛	鎮
南康縣	潭口鎮、相安鎮二司	南 水馬驛、九牛水驛宝、潭口驛	潭口、相安二鎮
上猶縣	浮龍（後遷太傅村）司		
崇義縣	上保、鉛廠、長龍三司（均遷治）		
全省總計	154	57	33

按：加「＊」號者置而後廢。

　　明代江西每個市鎮的平均覆蓋面積，約四八四八平方千米。如果加上州、縣城，江西在明代七十八州、縣城，則城鎮數共一一一個，每個城鎮的覆蓋面積約為一四四一平方千米，城鎮的覆蓋半徑為二十一點四二千米。

　　在一定時期，景德鎮、樟樹鎮、河口鎮、吳城鎮的繁榮程度甚至超過南昌，但由於政治上的原因，同時也因為其經濟上的地位，南昌仍不失為本省的都市。與此同時，景德鎮、樟樹鎮、河口鎮、吳城鎮，在特定的時間裡，也可與南昌、九江、贛州、吉安、臨江一起，視為本區域的都市。

三　主要工商市鎮

景德鎮[217]

　　景德鎮，以瓷器生產、貿易為特色。明代的景德鎮已是我國製瓷業的中心。王世懋的記載，使我們至今猶可想見景德鎮當年繁盛的面貌：「江西饒州府浮梁縣，離二十里許為景德鎮，官窯設焉，天下窯器所聚，其民繁富，甲於一省。余嘗以分守督運至其地，萬杵之聲殷地，火光燭天，夜使人不能寐，戲之曰『四時雷電鎮』。」[218]

　　政府大張旗鼓的投資和倡導，對於景德鎮的製瓷業來說，提高了其工藝、擴大了其影響、培養了其技工、擴散了其產品。

　　明朝為確保皇室與朝廷的瓷器供應，在景德鎮珠山之南設立御器廠，泛稱官窯。官窯在督陶官的嚴厲監督下，徵調技藝最嫻熟的工匠，以最好的原料，不計工本，燒製各種至精至美的高檔瓷器。其製品皆冠以帝王年號，各朝瓷器有不同的風格，水平不一，以宣德窯的成就最高，成化、永樂、嘉靖諸窯次之。宣德時期官窯中的窯場由二十座增至五十八座，御器燒造量猛增，製品「無物不佳，小巧尤妙，此明窯極盛時也」[219]。以青花瓷最為精緻，胎用麻倉土，潔白細膩；釉料用國外進口的蘇渤泥青，色澤

---

217 參考梁淼泰：《明清景德鎮城市經濟研究》（增訂版），江西人民出版社二〇〇四年版。

218 王世懋：《二西委譚摘錄》，《叢書集成初編》本。

219 藍浦著、鄭廷桂補輯：《景德鎮陶錄》，卷五《景德鎮歷代窯考・宣窯》。

明亮，青翠豔麗，濃則渾然莊重，淡則鮮淺雅緻。「祭紅」是宣窯器的又一絕品。成化窯器的五彩瓷高於宣窯，畫工的技法高超，五彩用料精純，製品推為明代釉上彩瓷之首。此外，永樂、嘉靖諸窯也有佳作，如永樂窯的甜白薄胎瓷，薄如「卵幕」；嘉靖窯注重裝飾藝術，五彩瓷有內外夾花、錦地、兩面彩圖案，採用以花捧字、捧八寶的彩飾手法，形成富麗繁縟的風格。

明朝在景德鎮燒造的瓷器數額巨大，規制嚴格。成化間燒造御用瓷器「最多且久，費不貲」[220]。萬曆十九年命造十五點九萬件，不久加八萬件，燒造至三十八年仍未畢工。為了燒造御器，一方面向江西人民加派銀兩、征勞力，嘉靖二十五年全省隨糧帶徵銀十二萬兩，「專備燒造」。嘉靖三十三年，「又加派銀二萬兩，亦燒造支盡。」[221]另一方面，禁止民間燒白地瓷器於各處貨賣，饋送官員，違者正犯處死，全家謫戍口外。[222]官窯燒製出大量精美的瓷器，同時也給江西人民造成巨大的負擔，從而制約了景德鎮制瓷業發展的水平和速度。

真正確立景德鎮在全國製瓷業中心地位的則是民窯的發展。明中期以後，景德鎮瓷業發展的突出表徵是「官民（窯）競爭」。景德鎮的民窯在承受官窯的欺壓的同時（官窯的物質資料和技術力量是徵發民窯），產量和質量都有了較大的提高，從業

---

220 《明史》卷八一《食貨六・燒造》。
221 嘉靖《江西省大志》卷七《陶書》。
222 《明英宗實錄》卷四九，正統三年十二月丙寅。

· 宣德青花三果紋執壺

· 宣德青花海水白龍紋扁瓶

· 宣德青花夔龍紋罐

· 宣德青花人物紋高足杯

· 宣德鮮紅釉菱花式洗

· 宣德鮮紅釉描金雲龍紋碗

・成化鬥彩嬰戲圖杯

・成化鬥彩雞缸杯

人數也激劇增加。根據官窯對民窯議編民匠、三窯出一的攤派所作的推斷[223]，明後期約計有民窯九百座，每窯燒小器千餘件。[224]按年燒四十萬計，總計民窯年產瓷器三六〇〇萬件，按時價折銀約為一八〇〇萬兩。[225]其從業人數，嘉靖十九年「浮梁景德鎮，民以陶為業，聚傭至萬餘人」[226]。全鎮民窯的工匠有許多來自外地，所謂「四方遠近，挾其技能以食力者，莫不趨之如鶩。」如貴溪農民「力田而外」，「或陶於饒」[227]；東鄉農民「造瓷器於饒州」[228]；都昌、樂平、鄱陽、餘干、德興、安仁、萬年及南昌等縣也有不少人在此做工，「雜聚窯業，傭工為生」。製瓷工匠挾技競爭，刺激了製瓷業的發展，使民窯的競爭能力增強。官窯

---

223 萬曆《江西省大志》卷七《陶政》。
224 朱琰：《陶説》卷三。
225 葉夢珠：《閱世編》，卷七。
226 《明世宗實錄》卷二四〇，嘉靖十九年八月戊子。
227 道光《貴溪縣誌》卷一二《風俗》。
228 吳崇梁：《東鄉風土記》，道光《香蘇山館全集》本。

中的青窯，每座容燒小器三百餘件，而民間的青窯，每座容燒小器達一千餘件。二者所耗木柴相近，都是八、九十槓左右。因官窯的生產效率不如民窯，故官府不得不改變官窯壟斷性的經營方式，採取「官搭民燒」的辦法：「今遇燒造，官窯戶輒布置民窯」。[229]同時，官窯的匠役制度也進行了改革。除征派工匠輪班服役外，還雇募部分工匠，從事燒窯、敲青、彈花、裱褙、繪畫等工序的勞作，每人「日給工食銀三分五釐」。景德鎮製瓷業的生產關係由此發生某些新的變化。

生產的發展帶來銷售的興盛，徽商、江右商、閩浙商多因此致富，一時景德鎮商賈雲集。大批行商坐賈的到來，使景德鎮成為全國最大的瓷器交易市場。與此同時，一些達官貴人也選擇景德鎮定居，景德鎮的正街即是達官貴人和富戶巨商們集中居住的地方，「鬥富弄」便因其揮金如土而得名。

明代直至清初，景德鎮「土著者十之一二，餘皆商旅客寓」[230]，即其城市居民絕大多數是工商業流動人口，土著數量極少。至清乾隆時，鎮區範圍擴大自觀音閣、雄坊，延至小港咀，前後街市十三里，人口達二十五萬[231]，贏得了「千豬萬米」碼頭、「山裡江城」、「小秦淮」等美稱[232]。也正因如此，使得景德

---

229 《明世宗實錄》卷二四〇，嘉靖十九年八月戊子。
230 康熙《浮梁縣誌》卷四《賦役》。
231 《清續文獻通考》卷三一四《鎮市》。
232 曹國慶、肖放：《景德鎮考察記》，《中國社會經濟史研究》一九八八年第二期。

· 目前所見最早繪製的景德鎮圖，康熙十二年（1673年）《浮梁縣
誌》卷首《境圖》。

鎮不僅在省內雄居明清江西四大鎮之首，而且與佛山鎮、漢口鎮
及朱仙鎮並稱為全國四大名鎮，為中華之「瓷都」。

河口鎮

明中葉以後，隨著信江流域農村商品經濟的發展和社會分工
的擴大，隨著全國性商品市場的形成和區域間經濟連繫的加強，
隨著贛江水運和橫貫江西的萍鄉──鉛山──常山的商道興盛，
地當閩、浙、贛交通要沖的鉛山，其經濟、交通地位迅速提高，
位於鉛山河與信江交匯處的河口鎮遂應運而生。萬曆時邑人費元
祿對河口的崛起曾作過描述：「河口，余家始行居時，僅二三
家，今閱世七十餘年，而百而千，當成邑成都矣。山川風氣清明
盛麗，居之可樂。……蓋其舟車四出，貨鏹所興，鉛之重鎮

也。」**233**可見河口在嘉靖初年還只是一個小小的集市，到萬曆時期已是商業巨鎮，為「往來商賈聚貨交易之所」。萬曆《鉛書》還記載：「顧河口水奧商賈駢畢藏奸之藪，邇有縣佐分駐之議。」由於工商業的發達，其行政地位也隨之提高。

　　水陸交通的便利，又使河口成為繁盛的物資集散地，故萬曆《鉛書・食貨》謂河口「以其通於江、達於河也，故凡天下之貨又集焉」。當地人在敘述鎮上販運貿易的貨物時，具體提到了福建延平的鐵、大田的生布、崇安的筍、福州的黑白砂糖、建寧的扇、漳州的荔枝、龍眼、海外的胡椒、松木，廣東的錫、紅銅、漆器、銅器，浙江的湖絲、綾綢、嘉興的西塘布、蘇州青、梭江青、南京青等，南直隸松江的大梭布、小中梭布，湖廣的孝感布、臨江布、信陽布、定陶布等，還有各種棉紗、絲、絹、綢、緞等，「此皆商船往來貨物之重者」**234**。來自福建、廣東、湖廣、江浙、河南等地的百餘種較大批量的貨物，甚至連笨重的鐵、銅、錫也分別自閩廣運至河口進行交易。顯然，明代後期的河口，已經不是一個地方性的商品集散地，而是具有全局性意義的重要商鎮。於是有「買不完的漢口，裝不盡的河口」之謠，河口為明清江西四大名鎮之一。

樟樹鎮

　　臨江府清江縣清江鎮在縣城東北三十里，「俗又呼樟樹鎮」**235**，

233 費元祿：《晁采館清課》，《四庫全書存目叢書》子部第一一八冊。
234 萬曆《鉛書》卷一《物產》。
235 崇禎《清江縣誌》卷一《市鎮》。隆慶《臨江府志》卷三《市鎮》記

「臨郡一都會也」，亦為明清江西四大鎮之一。樟樹鎮的興盛與發展，得利於其得天獨厚的交通條件。樟樹居贛江主流的中點，南北貨物運輸，東西客商往來，均以此為集散地。

洪武年間，明政府在樟樹設巡檢司，置稅課局徵收商稅。宣德四年，戶部所頒全國三十三個因「商賈所集之處」而加增商稅的城鎮，樟樹名列其中。明中期，樟樹鎮因政治上的原因加快了發展。寧王朱宸濠起事之前，魚肉商民，不少人紛紛逃離南昌至樟樹鎮。隆慶《臨江府志》卷三《樟樹關橋議》記載：「寧庶人橫時，白晝攫會城賈貨，賈懾不得施，乃謀趣市樟鎮，居人行子，蜂乘蟻聚，朝暮常滿，而樟鎮之名遂起。」樟樹鎮是贛江流域最重要的商貨流通中心，有「江廣百貨」往來貿易。萬曆間，王士性記載樟樹「在豐城、清江之間，煙火數萬家，江廣百貨往來與南北藥材所聚，足稱雄鎮」[236]。萬曆《江西省大志》稱樟樹鎮「臨大江之濱」，為「天下客貨叢聚之處」[237]。明代吏部左侍郎、邑人熊化《樟樹鎮記》則稱其為「八省通衢之要沖，贛中工商之鬧市」。當時樟樹鎮內，「列肆多食貨，若杉材、藥物、被服、器械，諸為民用者，百里環至，肩摩於途，皂礬、赤原、綦巾、大布，走東南諸郡」。在百貨當中，最具特色的是藥材。

樟樹經營藥材，早在唐朝，藥市即初具規模。北宋熙寧間，

清江縣「三十里，清江鎮」。

236 王士性：《廣志繹》卷四《江南諸省·江西》。

237 萬曆《江西省大志》卷六《險書》。

這裡加工製作的藥材列為「貢品」。南宋以後，發展步伐加快，藥市更趨繁榮。寶祐六年（1258年）建「藥師院」，每逢九月，舉行藥市，自此成為南北藥材集散中心和藥材製作基地，藥材加工與貿易同步發展起來。明中期，改藥師院為藥師寺，豎起「藥墟」石碑，每年九月的藥市更為熱鬧。本地生產的枳殼、枳實、陳皮、黃梔子以及彭、劉、喻、杜、丘五姓煎熬的青礬、紅礬，行銷省內外。萬曆二十七年，明朝派太監至樟樹採購藥材供皇室使用。官府在此徵收的稅銀，因藥市和航運的貿易興旺而大幅增加，明初每年僅為一七〇兩，萬曆初則增至一七二〇兩[238]，中期加至二千餘兩[239]。

　　樟樹以藥材加工和集散享譽全國，其藥材絕大部分來自外地，在樟樹加工炮製後轉銷各地。樟樹的中藥材，「自粵蜀來者，集於樟鎮，遂有『藥碼頭』之號，實非土產」[240]。本省南昌、新建、豐城、吉水、永豐、樂安、宜春、宜黃、永修、鄱陽、星子、吉安等地均為樟樹藥材原料產地，而樟樹藥材商人的足跡，則遍布全國各地乃至東南亞，縣誌稱之為「恆徒步數千裡，吳粵滇黔楚蜀無不至焉」[241]，形成了著名的樟樹（清江）藥幫。樟樹藥商製藥，有完整的加工炮炙技術體系，以精於選料、嚴於製作聞名。為求地道的上等原料，他們陸續深入粵、吳、

238 《明神宗實錄》卷五一，萬曆四年六月辛卯。
239 崇禎《清江縣誌》卷一《市鎮》。
240 崇禎《清江縣誌》卷三《土產》。
241 同治《清江縣誌》卷二《風俗》。

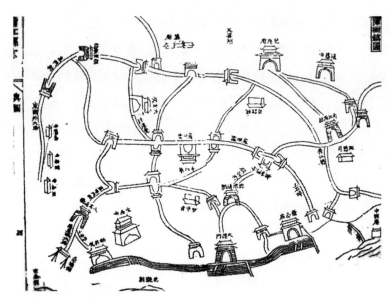

· 明後期樟樹鎮圖
目前所見最早繪製的樟樹鎮圖，見於崇禎《清江縣誌·輿圖》。

滇、黔、楚等地採購，形成「前店後坊」的經營特色，以及藥品
齊備、成藥療效顯著的優勢。

至明後期，樟樹的藥業更加興旺，店鋪、商號、居民增多，
鎮區格局已基本確定。此時樟樹鎮有四門，鎮區周圍約十里，有
七坊十一巷，內開藥鋪約二百餘家。藥行的經營方式專為四方客
商及藥材生產者代購、代銷、代存、代運、代墊運雜費，並接待
客商住宿。當時如湖北英山、羅田的茯苓，浙江龍游、蘭溪的蜂
蜜，義烏、巍山的玄參、玄胡、白術，福建浦城的厚朴，建甌的
澤瀉，安徽桐城的橘梗、秋石，歙縣的棗皮、橘花等藥材，都大
量運達樟樹銷售。晚明奇書《杜騙新書》卷三記：雲南河西縣商
人于定志在四川賣梔子，獲利甚多，「得銀八十餘兩，復買當

歸、川芎，往江西樟樹賣」。本來每擔藥材本、腳銀只二兩六錢，抵運樟樹後擬由牙人代發，時價當歸十兩一擔，川芎六兩一擔，但於定志不肯。一個多月後，價落貨賤，於定志只好「轉發到福建建寧府，止賣三兩七錢乙擔，比樟樹價又減，更廢船腳又多」。而樟樹商人也在各地建立自己的莊號，自營販運及購銷業務，如專營洋廣貨的「廣浙號」，專售西北、西南、東北各省出產藥材的「西北號」。各地遍設分莊，湘潭、漢口、重慶等大商埠普設專店，連接樟樹形成市場網絡。樟樹是這個藥材交易市場的中心，成為名副其實的南國「藥都」。「藥不到樟樹不齊，藥不過樟樹不靈」的美譽，遂四處傳頌。

滸灣鎮

贛東俗諺「臨川才子金溪書」，透露了臨川才子與書之間的密切關係：臨川出才子，而金溪出書。這裡所說的金溪，實際上指的是滸灣鎮，即贊滸灣出書、刻書之盛。金溪縣刻印書籍的作坊並不在縣城，而在縣城至臨川途中的滸灣鎮。

滸灣鎮位於撫州府金溪縣西部，緊傍撫河北岸。明初滸灣還未成市，後因河流改道，撫河經流滸灣，「舟楫輻輳，市遂集於此」[242]。官府於此設府幕一員，「算商徵稅」，商賈不勝其擾，紛紛離去，市肆蕭條。萬曆年間，知縣呈請上司撤去專官，「按肆量派稅，有定額」，商集如故。天啟年間，滸灣已是「商賈舟車所聚」而又「奸宄叢生」，以致知縣設計捕盜解決治安問

---

242 同治《金溪縣誌》卷三《地理志》。

題。[243]本地及鄰近的東鄉、宜黃、資溪的農副產品由此外運，外地商品也由此運往鄰縣，滸灣遂為繁榮的商品集散地。崇禎時樟樹鎮商稅徵收過重，商賈愈加集於滸灣，「揚帆上下者皆以揚子洲、市汊、滸灣等處為淵叢」。

滸灣的刻書業始於宋代，盛於明清，是當時我國最大的刻版印刷「基地」之一，北京、南京、南昌、長沙、合肥等地的書商都在滸灣設立分號書店。萬曆年間，出版傳奇劇本最多的要算赫赫有名的南京唐氏書坊。南京唐氏書坊主要有四家，即富春堂[244]、世德堂、廣慶堂、文林閣，書坊的主人都是江西金溪人。滸灣鎮中有兩條並列的橫街，名為前書鋪街和後書鋪街，街口石拱門樓上刻有「籍著中華」四個大字，可見其氣魄之宏偉。經理書籍業務的鋪棧多集中於此，如兩儀、大文、世德、文奎等堂號，書板層列，滿架充棟。至於刻板、印刷、裝訂等工人，則分布於全鎮與附近村莊。明代金溪做書紙生意的商人逐漸增多，與福建建陽的印業作坊常有生意連繫，銷路幾遍全國重要城市。北京有新、舊金溪會館，南京有金東書寓，金溪書商出力頗多。

值得一提的是，與滸灣書坊有密切關係的南京唐氏書坊所刻的傳奇劇本，即便是享名書壇的毛晉汲古閣，也無法與之匹敵。

---

243 康熙《金溪縣誌》卷三《名宦》。

244 據戲曲史家吳梅教授説：「富春（堂）刻傳奇，共有百種，分甲、乙、丙、丁字樣，每集十種，藏家目錄，罕有書此者。余前家居，坊友江君，持富春雜劇五十餘種求售，有《牧羊》、《締袍》等古曲。余杖頭乏錢，還之。至今猶耿耿也。」吳梅：《吳梅戲曲論文集》，中國戲劇出版社一九八三年版，第 435 頁。

所刻劇本中，多數是弋陽諸腔的劇本。每年七月二十三日，是滸灣鎮迎財神爺的日子，實際上也是滸灣書商貿易交流盛會。一時文人書商會集，民間戲班與崑曲大班亦接踵而至。湯顯祖的作品多在此刊刻。萬曆七年，湯顯祖遊覽疏山寺，將詩集《問棘郵草》在滸灣交付印刷，並請謝廷諒作序。不知湯顯祖年輕時曾經多少次到過滸灣鎮，但一首《許灣春泛至北津》足見其對滸灣的無限深情。

滸灣出產書籍的木刻板，其材料大多數採用梨樹兼用樟樹和荷樹，字體普遍採用宋體，特殊的才用隸、篆、行、草等體。普通印刷用毛八紙（本縣黃通與峽山生產），特等的用連四紙（福建出產），低級的用京丹紙（資溪出產），譜牒則用譜紙（鉛山陳坊生產）。墨汁用鄉村砍燒松樹所燻成的煙渣。每板一塊刻兩面，如加硃批與圈點另刻套板，對於譜牒等類，另刻活字檢用。

「臨川才子金溪書」，這是歷史文化積累過程的客觀反映。造紙、製筆（當時同隸撫州的文港鎮號為「筆都」）和印書業的發達，加上厚重的文化積澱，給臨川才子群體性的崛起奠定了基礎，濃厚的讀書風氣又反作用於這些手工作坊式的印刷業，兩者互相依存。

吳城鎮

吳城為新建縣所轄（今屬永修縣），地處江西北部、鄱陽湖西岸，當贛江和修河二水入湖之處，「兩水夾流一山特立」，實為一小高地，同時也是航運大碼頭，進而發展為「洪都之鎖鑰，而江右之巨鎮」。明代初期，吳城居民鮮少，「南自黃土壠，北

抵小白岡，蜿蜒三里許，前後河街，店屋百十數耳」[245]。從弘治朝開始，官府還在吳城設置兌糧水次，有專倉屯運寧州、武寧、奉新、靖安四縣的漕糧[246]，加強了吳城與這些地區的經濟連繫。又出於稽私和兵防的需要，還在吳城設置了巡檢司和驛站，有弓兵二十四名，船二隻，水手四名，並撥水師營駐防。[247]正德年間，寧王朱宸濠起兵破九江後，「遣宸濆、熊永受領兵往吳城各處截虜運糧」[248]，給吳城造成較大的破壞，時「列焰蔽空，血腥江渚，湖水幾赤矣……市民多亡匿，此湖幾為盜藪」[249]。《吳城葉氏忠義節烈祠碑》記，吳城大姓葉氏宗族三百餘人伏擊朱宸濠軍隊，結果被殺近四十人，其妻女多自盡。萬曆初，又遭連年大旱和流行傳染病，「村市疫死無算」。到萬曆十年後，吳城逐漸恢復繁榮，鄒元標《望湖亭記》說「亭下唯一市，市不下五、七百煙」，其後更是「賈舶官艦，絡繹不絕」。出入都陽湖者，「醵賽鱗集，商賈輻輳」，各種商鋪館店增多，「市廛繁迭，幾無隙地」[250]。據梁份《懷葛堂集》卷四記載，明後期這裡「四方商旅所湊集，往來舟楫所停滯不前泊，……般艫十里，煙火萬家」。贛江流域、修水流域的農副產品與手工製品多由吳城進出，碼頭

---

245 葉一棟：《重修望湖亭記》，同治《新建縣誌》卷七九《藝文・記》。

246 張坦麟：《請查吳城水次廢基疏》，同治《新建縣誌》卷七二《藝文・表疏》。

247 康熙《新建縣誌》卷一六《兵防》。

248 萬曆《新修南昌府志》卷二四《紀事》。

249 康熙《新建縣誌》卷七《樓臺》。

250 葉一棟：《重修望湖亭記》，同治《新建縣誌》卷七九《藝文》。

・吳城鎮圖，同治《新建縣誌》卷首《繪圖》。

聚散的貨物，以茶葉、木材、食鹽、紙張、苧麻為大宗，俗諺云：「茶商木客鹽販子，紙棧麻莊堆如山。」由於航運和商業的繁盛，明後期開始吳城已經確立重要商運口岸的地位。至清初，吳城已被稱為「西江巨鎮」[251]。

251 康熙《新建縣誌》卷十五《水利》，同治《新建縣誌》卷七九《藝文》。另，參考梁洪生：《吳城商鎮與早期商會》，《中國經濟史研究》一九九五年第一期。

四　江西城鄉市場的分布及其特點

市場的分布狀況及其特點

明代的江西以下列地區的城鎮分布相對稠密。

南昌府的南昌、新建、豐城三縣，九江府的德化、湖口、彭澤三縣，南康府的星子、都昌、建昌三縣，饒州府的鄱陽、餘干、樂平、浮梁四縣，廣信府的弋陽、貴溪、鉛山、廣豐四縣，建昌府的南城、南豐、新城、廣昌四縣，吉安府的廬陵、龍泉二縣，袁州府的宜春、萍鄉二縣，贛州府的贛縣、會昌二縣，南安府的大庾、南康、崇義三縣。其中，江西的南康、建昌、南安三府及新建、豐城、德化、湖口、都昌、餘干、貴溪、鉛山、南城、南豐、新城、廬陵、龍泉、萍鄉、贛縣、會昌、大庾等縣，城鎮更密集。

上述江西城鎮密集區分布在三個主要區域：

第一個密集區在北鄱陽湖區和贛江下游區，即從長江經湖口入鄱陽湖、贛江至豐城、清江，以南昌為中心的這段航線上。這裡地處鄱陽湖平原，又是江西的政治中心，且有設置在九江（轄湖口）的鈔關。南北水上大通道穿過九江府的德化、湖口二縣，南康府的星子、都昌二縣，南昌府的新建、南昌、豐城三縣，至臨江府清江縣的樟樹鎮，進入江西腹部地區。這裡從北到南排列著一座省城（南昌）和四座府城（九江、南康、南昌、臨江），德化、湖口、星子、都昌、新建、南昌、豐城、清江八座縣城，以及城子、南湖嘴、龍開河、流廝橋、湖口、柘磯、菱石磯、青山、渚溪、周溪、柴棚、左蠡、張家嶺、蘆潭、吳城、樵舍、生米、竿韶、三江口、松湖、港口、曲江、樟樹等二十三個市鎮。

第二個密集區在與福建交界的建昌府和廣信府的信河流域。建昌府的南城縣是商品經濟發展較早的地區，明中期，南城雜貨商的足跡就已遍及西南；南豐、新城縣的農民此後也加入了棄農經商的行列，新城是產煙大縣。特別是這裡為江西、福建的交通樞紐區，地鄰福建鹽區，為閩鹽入贛的必經之地；江西、湖廣的米穀從陸路入閩，由新城縣藍田鎮、石峽鎮或五福鎮過杉關，便是福建邵武府光澤縣，經武溪入閩江，遂為通途。在這三縣彈丸之地，分布著一座府城（建昌）、三座縣城（南城、南豐、新城），以及藍田、曾潭、岳口、浒牛、硝石、盤州、黃沙、白舍、龍池、仙居、石峽、熊村、中溪、龍安、五福等十五個市鎮，為江西城鎮分布最密集的地區。另外，由廣信府鉛山縣的柴溪鎮或貴溪縣的江滸山鎮經桐木關，翻越武夷山，進入建溪，下游便是福建建陽府的崇安縣、建陽縣。這裡既是武夷茶的生產地，又是明清時期規模最大的通俗讀物刻印中心。鉛山縣河口鎮既是武夷茶的加工地，又是建陽刻書業的紙張供應地。信河經鉛山、弋陽、貴溪，經饒州府餘干縣的瑞洪鎮及都陽縣入都陽湖。這裡既是江西、浙江之間的通道，也是福建與中原商品流通的便捷之路。

　　第三個密集區在贛江的東源頭章水及其與貢水匯處的南安府和贛州府的贛縣。這裡是中原與嶺南乃至南洋各國物資往來的通道。海外舶來品及嶺南特產經北江翻越大庾嶺進入大庾縣，由章水經南康縣至贛縣，順贛江而下，入都陽湖，進長江、運河，至全國各地。內地百貨則逆贛江而上，經贛縣、南康、大庾，翻越大庾嶺進入廣東，並順流而下，銷向嶺南市場或海外。正因為

這裡是當時最繁忙的運輸線路之一，所以明朝政府都在贛縣和大庾縣設有稅關，向過往船隻及貨物收稅。

可見水陸交通對於市場形成及分布的重要作用。

作為各地的初級市場，集市的分布也有其規律性，它們既有一定間隔性，又一般分布在水陸交通便利之處。

如撫州府臨川縣。該縣弘治、正德時便有集市四十二處，幾乎所有水道要津的人口聚集點，都有集市，如航步市、戰坪市、劉坊市、上墩市、清遠市等。這些集市不僅都在臨川通往各地的水陸交通線上，而且是隨水道的走勢而分布的。臨川縣北部山嶺密布，人口稀少，所以也幾乎沒有集市。而東北、西北通往省城及本府他縣的水路上，卻是集市相連。所以《江西全省輿圖》說：「縣中出北門，即係大河環繞，過河皆係沮洳，僻徑不通，道路凡往北境者，仍須由東門過文昌橋迤北行，即為進省之路。而東北一路與進賢、東鄉交界者，亦即以北路唱凱墟及向家墟為準云。」[252]

再如臨江府。隆慶年間臨江府有集市三十六個，以水陸通道相連，並有較為均勻的間隔距離，呈對外輻射狀，分布於縣城的四面八方：清江縣「南十里姜璜市，十五里渚塘市；東十五里永泰市，五十里黃土市；西南三十里太平市，五十里黎家墟，三十五里上塘市；東北十里蛟湖市，三十里清江鎮。」新淦縣「東二十里石口市，三十里新市，六十里七擒市；對江界埠市，十五里

---

252 《江西全省輿圖》卷二《撫州府屬·臨川縣輿地圖》。

河埠市，二十五灘頭市，自界埠西十里廖家墟。」新喻縣「東五里通濟橋市，三十里安和市，三十五里中和市，四十五里羅坊市，五十里萬全市，六十里萬安市、高湖墟，七十里泗溪墟；北六十里水北墟，七十里錢家墟；南五里楊津市，十里鵬湖墟；西四十里盤古市。」峽江縣「南三里樓市，三十五里仁和上市、中市、下市；東四十里漳口市，東三都館頭市，七都馬埠市，一都巷口市」[253]。

饒州府的集市也是如此。正德《饒州府志》所記集市，皆以「某路通達」字樣相標識，如：「鄱陽縣，太陽埠市，東路通達；石鎮，南路通達。」「餘干縣，古步市，東路通達，黃丘步鎮，東南通達；梅港市，南路通達；婁步市，南路通達；龍窟市，南路通達；棠梨市，北路通達……」「樂平縣，沙源市，東路通達；眾步市，南路通達……」浮梁縣、德興縣、安仁縣集市的分布亦然。[254]

省府南昌府附廓的南昌縣，有相當部分的集市和市鎮處於主要交通線上[255]。不僅如此，該縣幾個最繁榮的市、鎮更無一例外瀕臨航道。位於撫河東岸的茌港市，「地臨大河，上通撫建，下達省會，地密人稠，一、四、七日百貨輳集，遠近皆至。係南北往來通衢。」位於錦江和贛江交匯處的市汊鎮，「瀕河為市，西

253 隆慶《臨江府志》卷三《市鎮》。
254 正德《饒州府志》卷一《鄉鎮》。
255 《江西全省輿圖》卷一《南昌府屬·南昌縣輿地圖》。

南通瑞河，東南通兩廣，下通省會以達於湖，對河為豐城，稍西即新建，商賈輳集，帆檣如織，為本邑一大鎮。設有巡檢把總。」而位於贛江與撫河交匯處的三江口鎮，「地界三縣，東北屬進賢，南屬豐城，過河而東南為臨川，三六九依市為集，薰蕕雜處，設有主簿稽查。河濱有官房二十一間。」贛江西岸的河泊所，本為對竹木貿易抽稅的機構，但其所在地明前期就已發展為一大水市，正統時泰和人王直有詩曰：「河泊雖卑微，身閒似列仙。公庭依水市，官稅在漁船。」**256**

同為南昌府的附廓縣，新建縣地控贛江至都陽湖的入口處，水網密布，「縣東至康山，東北至吳城，又北至星子之渚溪，皆以水路為通衢，即有陸路，亦必冬晴水涸，沿岸行走。」可見水路交通在本縣的地位。該縣的大部分集市和市鎮位於航道上。生米、樵舍、吳城三大鎮，更從南到北，沿著贛江排列。從縣城過贛江至南康府建昌縣的涂家鋪，是南北官道，也排列著大量的集市：「北陸大路自章江門過渡至沙井，北行迤西十里至石頭口，（或由冷井）又十里至菱橋，又十里至蘆坑，又十里至樂化，又十里至華岩鋪，又十里至新興鋪，又十里至慈姑鋪，又十里至豐安汛。自省至此共八十里，與南康府建昌縣交界。」**257**八十里官道上，從南到北，有冷井、菱橋、蘆坑、樂化、華岩鋪、新興鋪、慈姑鋪共七個集市，大約每十里即有一個。

---

256 同治《南昌府志》卷六《地理志・市鎮》。
257 《江西全省輿圖》卷一《南昌府屬・新建縣輿地圖説》。

從以上的分析可以看出，城鎮及集市的密集之處多在具備這些條件的地區：交通便利且為樞紐地帶、商品經濟比較發達且為貨物的集散地、與鄰省接壤且有較多的經濟連繫。

決定市場規模的諸因素

作為交易場所的市場，其形成與發展，以及發展的規模，是由多種因素決定的。

一些集市的實際規模已相當或超過縣城，而一些市鎮則不僅已達到或超過縣城、府城，甚至達到或超過省城的繁榮。王士性記明代的樟樹鎮：「樟樹鎮在豐城、清江之間，煙火數萬家，江、廣百貨往來與南北藥材所聚，足稱雄鎮。」[258]葉權《賢博編》曆數了明代全國的「大馬頭」，即最繁忙的商業中心，它們是：湖廣荊州，江西樟樹，南直蕪湖、上新河、楓橋、南濠、瓜州、正陽，浙江湖州市，山東臨清。雖然南昌也在贛江之濱，但葉權卻毫不含糊地點出樟樹而不提南昌。

傅春官《江西商務說略》則說景德鎮、樟樹鎮、吳城鎮的繁榮程度，超過省城南昌：

> （江西）各處市鎮，除景德鎮外，以臨江府之樟樹鎮、南昌府之吳城鎮為最盛。……故貨之由廣東來江者，至樟樹而會集，由吳城而出口；貨之由湘、鄂、皖、吳入江者，至吳城而薈存，至樟樹而銷。四省通衢，兩埠為之樞紐。迨道光二十五年，五口

---

258 王士性：《廣志繹》，卷五《江南諸省‧江西》。

通商，洋貨輸入。彼時江輪未興，江西之販賣洋貨者固仰給廣東，若河南、襄陽、湖北、漢口、荊州，凡江漢之間需用洋貨者，均無不仰給廣東，其輸出輸入之道，多取徑江西。故內銷之貨，以樟樹為中心點。外銷之貨，以吳城為極點。加以漕折未改，歲運江米出江，每值糧船起運，樟樹、吳城帆檣蔽江，人貨輻輳，幾於日夜不絕。故咸豐以前，江西商務可謂極盛時代。唯彼時省會，轉視兩埠弗若焉。[259]

樟樹鎮的繁榮，是由於三個原因：一、地處南北、東西水陸交通樞紐地帶；二、為全國最大的藥材專業市場；三、為嶺南及中原百貨的集散地。而吳城鎮的繁榮，原因則是兩個，一是地處水路交通樞紐，二是百貨集散地。景德鎮則因其發達的製瓷業及規模宏大的專業市場，其繁榮不下樟樹、吳城。

九江地處江西北大門，地理位置的優勢使其成為東西水運的重要港口，明朝在此地設九江鈔關，向進出鄱陽湖的船隻徵收關稅。嘉靖年間王汝賓作《新遷九江鈔關記》說：「（九江關）昉於景泰初年，以國用不敷，權舟稅以充之。四方商賈駢集其地，而關之地實當合流會洽之沖。」[260]可見經過九江鈔關的商船之多，運輸貨物量之大。

作為省會的南昌以及作為府城的吉安、九江等地，能夠成為

259 傅春官：《江西商務說略》，一九〇六年《江西官報》第二十七期。
260 王汝賓：《新遷九江鈔關記》，嘉靖《九江府志》卷一六《詩文志》。

江西地區的都市，固然很大程度上是因為它們是省級或府級政治中心，但更因為這些城市無一不是交通便利、經濟發展，而景德鎮、樟樹鎮、吳城鎮等城市的繁榮，則完全是由於經濟上的原因。這種現象的發生，也說明在明代，江西地區市場的形成和發展，比較少的受制於政治干預，比較多的決定於經濟規律。

　　既然經濟因素特別是交通條件的優越性對市場的形成及發展具有如此重要的作用，那麼，經濟因素及交通條件的變化，自然也要對市場產生影響。號稱明清江西「四大鎮」之一的河口鎮，其繁榮決定於造紙業和製茶業的興盛，以及交通上的便利。隨著竹木資源的匱乏，河口鎮的造紙業走向衰落；由於茶葉銷售受到挫折，製茶業也隨之衰落，特別是二十世紀初浙贛鐵路的開通，更使河口失去了交通樞紐的地位，曾經繁盛過兩三百年的河口鎮，頓失昔日風貌。再如吳城鎮、樟樹鎮、贛縣、大庾縣、湖口縣也隨著交通格局的變化，到二十世紀中期，紛紛失去原有的地位。

　　如此看來，一個市場，無論是省城、府城、縣城、市鎮、集市，其繁榮程度及覆蓋面或輻射面的大小，決定於以下幾個因素或條件：一、交通狀況，即交通是否方便，是否處於水陸交通樞紐地帶。在當時的情況下，是否處於水路樞紐地帶而且是否有良好的停泊碼頭更為重要。二、本地及周圍地區所能提供的商品量及其價值，即物產的是否豐富、是否形成專業市場，以及專業市場的種類、規模，商品附加值的大小。三、本地居民（含外地僑居居民）的富裕程度或消費能力的大小，以及消費觀念的狀況。四、全國（沿海地區則應考慮國際貿易的因素）總體經濟格局的

狀況，以及是否為區域政治文化中心或者毗鄰區域政治文化中心。

　　如果一個市場的某一個條件比較充分，則可能成為一定規模的市場；條件滿足得越多、越充分，則市場的規模越大，對周邊地區的影響也就越大。撫州府金溪縣的滸灣鎮，交通雖說不上便利，卻形成了具有相當規模的書肆專業市場，在全國有一定的知名度，所以其繁榮程度超過金溪縣城。南昌府新建縣吳城鎮，地處贛江與鄱陽湖交匯處，為南北水路交通要道，不僅是江西木材及糧食集散地，「貨之由廣東來江者……由湘、鄂、皖、吳入江者」，皆在吳城發運或薹存。由於當時的這條水路具有全國性乃至國際性意義，所以吳城鎮的繁榮乃超過省城。而饒州府浮梁縣的景德鎮，地處昌江及其支流東河、西河的交匯處，又是舉世聞名的瓷都，為全國最大的瓷器專業市場；臨江府清江縣的樟樹鎮，地處贛江中游，為南北水陸交通樞紐，又為全國最大的藥材集散地；所以景德鎮、樟樹鎮的繁榮和輻射面又超過吳城鎮。但所有這些城鎮的繁榮程度又比不上有「九省通衢」之稱的湖北漢陽府漢口鎮。漢口不僅交通便利，而且形成幾個大的專業市場，其繁榮程度遠非景德鎮、樟樹鎮可比，為全國「四大鎮」之首。而與雖然交通條件頗有不如，但物產豐富、區域經濟發達、文化積澱深厚、居民消費水平高的蘇州相比，漢口的繁榮又不免遜色。

江西文庫　A0701A22

江西通史：明代卷　第二冊

主　　編　鍾啟煌

作　　者　方志遠、謝宏維

責任編輯　楊家瑜

發 行 人　陳滿銘

總 經 理　梁錦興

總 編 輯　陳滿銘

副總編輯　張晏瑞

編 輯 所　萬卷樓圖書股份有限公司

排　　版　菩薩蠻數位文化有限公司

印　　刷　百通科技股份有限公司

封面設計　菩薩蠻數位文化有限公司

出　　版　昌明文化有限公司

桃園市龜山區中原街 32 號

電話　(02)23216565

發　　行　萬卷樓圖書股份有限公司

臺北市羅斯福路二段 41 號 6 樓之 3

電話　(02)23216565

傳真　(02)23218698

電郵　SERVICE@WANJUAN.COM.TW

大陸經銷　廈門外圖臺灣書店有限公司

電郵　JKB188@188.COM

ISBN 978-986-496-191-7

2018 年 1 月初版

定價：新臺幣 320 元

如何購買本書：

1. 轉帳購書，請透過以下帳戶

　　合作金庫銀行　古亭分行

　　戶名：萬卷樓圖書股份有限公司

　　帳號：0877717092596

2. 網路購書，請透過萬卷樓網站

　　網址 WWW.WANJUAN.COM.TW

大量購書，請直接聯繫我們，將有專人為您

服務。客服：(02)23216565 分機 610

如有缺頁、破損或裝訂錯誤，請寄回更換

國家圖書館出版品預行編目資料

江西通史 明代卷 ／ 鍾啟煌主編. -- 初版. --
桃園市：昌明文化出版；臺北市：萬卷樓
發行, 2018.01
　冊；　公分
ISBN 978-986-496-191-7 (第二冊：平裝). --
1.歷史 2.江西省
672.41　　　　　　　　　　　107001900

本著作物經廈門墨客知識產權代理有限公司代理，由江西人民出版社授權萬卷樓圖書
股份有限公司出版、發行中文繁體字版版權。

本書為金門大學華語文學系產學合作成果。　　　校對：陳裕萱／華語文學系二年級